MERCHED GWYLLT CYMRU
WILD WELSH WOMEN

D1336313

Merched Gwyllt Cymru
Wild Welsh Women

Beryl H. Griffiths

Gwasg
Gwynedd

Argraffiad cyntaf — Ebrill 2007
First published — April 2007

© Beryl H. Griffiths 2007

ISBN 0 86074 232 6

Mae'r cyhoeddwyr yn cydnabod cefnogaeth ariannol
Cyngor Llyfrau Cymru.

The publishers acknowledge the financial support
of the Welsh Books Council.

Darluniau / Illustrations: Ruth Jên

*Cyhoeddwyd ac argraffwyd
gan Wasg Gwynedd, Caernarfon*

ER COF AM FY CHWAER, MEI
A YMGORFFORAI NODWEDDION GORAU'R
MERCHED I GYD.

Cynnwys / Contents

Ceridwen 15

Buddug (Boudicca) 21

Arianrhod a/and Blodeuwedd 35

Nest... 47

Gwenllian 57

Siwan 67

Gwerfyl Mechain 81

Catrin o Ferain 89

Marged ferch Ifan 101

Eleanor Butler a/and Sarah Ponsonby 111

Jemima Nicholas 123

Mary Lewis 133

Ann Griffiths 145

Alabina Wood 157

Betsi Cadwaladr/Betsy Cadwaladr 169

Merched Beca/Rebecca and her Daughters 181

Elizabeth Amy Dillwyn 191

Annie Ellis 203

Megan Lloyd George 211

Introduction

The idea for this book came from reading similar ones from Ireland and Canada. I then thought it was about time we had one about Welsh women too. Brave, gutsy women, women who had been ignored by historians, women we had heard of somewhere, somehow, but weren't really sure who they really were or what they had done.

The author, Beryl H. Griffiths, was an archivist at the National Library in Aberystwyth before marrying Arfon and returning to her roots in Llanuwchllyn to farm, translate and raise three daughters. She loved the idea of the book and started researching straight away. Two years later, here is the finished product.

Some readers may be surprised at our choices. Many of you will probably think that some of our women most definitely do not deserve to be described as 'wild', and some of you will be horrified that we decided not to include others. Well... tough! We stand by our decisions!

We decided to stick to three rules:

- All the women had to have a strong connection with Wales.
- They had to have broken the rules in days when rule-breaking was riskier than it is today, or just to have had the courage to be different.
- They had to be dead. Sticking to this rule made life much easier for us, because it's so much easier for women to be wild and to break the rules nowadays.

Rhagair

Daeth y syniad am y gyfrol hon yn sgil darllen cyfrolau tebyg o Iwerddon a Chanada – a meddwl, dyna ddifyr fyddai crynhoi hanesion merched Cymru oedd â thipyn o dân yn perthyn iddyn nhw. Merched oedd wedi mynd ar goll yn hanes Cymru, ond merched yr oeddem wedi clywed amdanynt yn rhywle, rhyw dro, ond heb fod yn siŵr be'n union oedd eu hanes chwaith.

Bu'r awdures, Beryl H. Griffiths, yn archifydd yn y Llyfrgell Genedlaethol cyn priodi Arfon a dychwelyd i'w chynefin yng nghysgod yr Aran Benllyn i ffermio, cyfieithu a magu Aranwen, Mared a Lois. Cytunodd hithau ei fod yn chwip o syniad, ac aeth ati i ymchwilio'n ddyfal am dros ddwy flynedd; o'r diwedd, dyma'r gyfrol wedi ei chwblhau.

Mae'n siŵr y bydd rhai darllenwyr yn synnu ein bod wedi cynnwys ambell un o dan y pennawd 'gwyllt', ac eraill yn wyllt gacwn am nad ydym wedi cynnwys ambell un arall. Ond dyma ein detholiad ni, a dyna fo!

Penderfynwyd cadw at dair rheol:

- Bod yn rhaid i'r merched fod â chysylltiad cryf â Chymru.
- Eu bod wedi herio trefn cymdeithas ar y pryd, neu wedi torri'r rheolau mewn cyfnod pan oedd torri rheolau ag oblygiadau llawer dwysach i ferched nag sy'n wir heddiw. Neu jest wedi bod â'r asgwrn cefn i fod yn wahanol i ferched eraill oedd yn derbyn eu ffawd yn dawel ac ufudd.
- Eu bod wedi marw. Roedd cadw at y rheol hon yn

If we had started including women who are still alive today, we would still be writing the book now.

Finding information about some of the women proved to be very difficult, largely because historians didn't believe that women were sufficiently interesting. 'Most women have no characters at all,' said Alexander Pope, the poet who also said 'A little learning is a dang'rous thing' – he should obviously have tried to learn a little more about women!

Some interesting women's Welsh connections just weren't strong enough. Take Bette Davis, the actress – it appears that one of her ancestors was Welsh, a certain James Davis who sailed for the New World in the early 1600s. Well, her Welsh blood was probably pretty thin after four centuries.

The author George Eliot – or Mary Ann Evans – was the daughter of a Welshman called Robert Evans, and she was quite a woman, not only writing novels at a time when respectable women were not supposed to meddle with such things, but also living in sin with a married man called George Henry Lewes. This meant that she was regarded as a very bad woman by half her family and by society in general. But there is no sense of Wales or Welshness in her work. She was 'the greatest living English novelist', so it wouldn't be fair to include her in a book about Welsh women. The same is true of Ella Gwendolen Rees Williams, or Jean Rhys, the author of *Wide Sargasso Sea*, who was the daughter of a Welsh doctor and who was brought up in Dominica. They say that Nell Gwynne, the mistress of Charles II, had a Welsh father but, once again, we don't think this is a strong enough reason to include her here.

Elizabeth I certainly had Welsh blood in her as her grandfather, Henry VII, was one of the Tudors, and they

gwneud bywyd yn llawer haws, am ei bod hi bellach gymaint haws i ferched fod yn 'wyllt' a herio'r drefn. Ac os bydden ni'n cynnwys un oedd yn fyw o hyd, byddai'n rhaid ystyried pawb, a fydden ni byth wedi dod i ben.

Roedd hi'n anodd iawn dod o hyd i ffeithiau a straeon am rai o'r merched, a hynny am nad oedd haneswyr yn credu fod merched yn fodau digon diddorol. *'Most women have no characters at all,'* meddai Alexander Pope, y bardd sy'n enwog am ddweud, *'A little learning is a dang'rous thing'* – felly mae'n amlwg y dylai fod wedi dod i adnabod merched yn well!

Doedd cysylltiadau Cymreig rhai merched digon difyr jest ddim yn ddigon cryf. Dyna i chi'r actores Bette Davis – mae'n debyg mai Cymro oedd un o'i chyn-deidiau, James Davis, a hwyliodd i'r Byd Newydd yn y 1600au cynnar. Wel, mae'n siŵr bod ei gwaed Cymreig yn go denau ar ôl pedair canrif.

Roedd yr awdures George Eliot – neu Mary Ann Evans – yn ferch i'r Cymro, Robert Evans, ac roedd hi'n ddynes wahanol iawn, nid yn unig yn sgwennu nofelau mewn cyfnod pan nad oedd merched parchus i fod i ymhél â'r fath bethau, ond yn byw gyda dyn priod o'r enw George Henry Lewes ac yn cael ei hystyried yn ddynes ddrwg iawn gan hanner ei theulu a chymdeithas yn gyffredinol. Ond does 'na fawr o ymdeimlad â Chymru a Chymreictod yn ei nofelau. *'The greatest living English novelist'* oedd hi, felly fyddai o ddim yn deg i'w chynnwys mewn cyfrol am ferched o Gymru. Mae'r un peth yn wir am Ella Gwendolen Rees Williams, neu Jean Rhys, awdures *Wide Sargasso Sea*, oedd yn ferch i feddyg o Gymru ac a gafodd ei magu yn Dominica. Cymro hefyd oedd tad Nell Gwynne, meistres Siarl II, medden nhw, ond unwaith eto, dydyn ni ddim yn credu bod hynny'n ddigon o reswm i'w chynnwys.

say that her maid, Blanche Parry, had taught her a little Welsh. But that's about her only connection with Wales.

It's a great pity that we couldn't include the story of Gwenllian, the daughter of Llywelyn ap Gruffudd (Last Prince of Wales), but as the poor girl spent 54 of the 55 years of her life imprisoned in England, and couldn't even speak Welsh or spell her name properly (she thought it was 'Wentliane'), she probably wasn't able to develop any kind of personality, let alone be wild and challenge society in any way.

But the other Gwenllian fits the bill perfectly. Her story is truly fascinating and would make a wonderful film. Buddug (or Boudicca) has obviously been included (even though some would say that she was the original Essex girl), and we have a few other princesses, such as Nest and Siwan. But lesser-born women also made their mark, such as Betsi Cadwaladr, the woman from Bala who put Florence Nightingale in her place, and the rather explicit poet, Gwerfyl Mechain (that chapter is therefore not suitable for children!), and the incredibly strong Marged ferch Ifan and Jemima Nicholas, as well as a number of other less well-known women whose stories are equally fascinating. We have also included a few characters from Welsh legends, mainly because they're such good stories.

We have only given you a taste of these women's lives, but if that's enough to whet your appetite for more information about them, we have included a list of books and articles at the end.

Enjoy the stories of our wildest and greatest grandmothers!

BETHAN GWANAS

Roedd gan y frenhines Elizabeth y Cyntaf waed Cymreig yn sicr, gan mai Henry VII, un o'r Tuduriaid, oedd ei thaid, ac mae sôn bod ei morwyn, Blanche Parry, wedi dysgu peth Cymraeg iddi. Ond dyna ei hunig gysylltiad â Chymru.

Mae'n bechod mawr na allwn gynnwys hanes Gwenllian, merch Llywelyn ap Gruffudd (ein Llyw Olaf), ond gan fod y greadures wedi treulio 54 o'i 55 mlynedd ar y ddaear mewn carchar yn Lloegr, a ddim hyd yn oed yn gallu siarad Cymraeg na sillafu ei henw yn iawn (byddai'n ei sgwennu fel 'Wentliane'), prin ei bod wedi gallu magu unrhyw fath o bersonoliaeth, heb sôn am fod yn wyllt a herio'r drefn.

Ond mae hanes y Gwenllian arall yn ffitio'n berffaith. Dyna i chi ddynes a hanner – a thestun ffilm os buo 'na un erioed. Ac mae Buddug wedi ei chynnwys yma, wrth reswm, ynghyd â nifer o dywysogesau eraill, fel Nest a Siwan. Ond roedd merched cyffredin o Gymru wedi gwneud eu marc hefyd – rhai fel Betsi Cadwaladr, y ddynes o'r Bala roddodd Florence Nightingale yn ei lle, a'r bardd diflewyn-ar-dafod, Gwerfyl Mechain (sy'n golygu nad yw'r bennod honno'n addas i blant!), a'r anhygoel Marged ferch Ifan a Jemima Nicholas, a nifer o ferched penderfynol eraill llai adnabyddus ond yr un mor ddiddorol. Rydym hefyd wedi cynnwys ambell gymeriad chwedlonol, yn bennaf am eu bod nhw'n straeon mor dda.

Blas o fywydau'r merched gewch chi yma, ond os bydd y blas hwnnw'n codi blas mwy, mae rhestr o lyfrau ac erthyglau mwy cynhwysfawr ar ddiwedd y gyfrol.

Mwynhewch hanesion ein cyn-neiniau!

BETHAN GWANAS

Ceridwen

Ceridwen
Witch

Ceridwen is a mythological character, but some elements of her life could be based on fact. Fact or fiction, she was certainly one of the wildest women you could ever meet.

According to legend, she was the wife of Tegid Foel, the man who gave his name to Llyn Tegid, or Bala Lake. A son was born to them, called Morfran (sea crow), which is bad enough, but he was called Afagddu (extreme blackness) locally because he was so dark and ugly. As Ceridwen had powers of witchcraft, she decided that she would make her son look much better and give him incredible intelligence by making a magical potion in a large cauldron. The cauldron had to simmer for a year and a day before the mixture would work and have the desired effect on poor Afagddu.

The cauldron was set on a fire at Llanfor; Gwion Bach was given the task of watching it and to keep the fire going. It would not be the most exciting of jobs for a day, let alone a year, and therefore it was no great surprise that Gwion was not very aware of what was going on. Somehow he managed to swallow the three drops of the potion that were intended for Afagddu.

He was so frightened that he ran away immediately, but Gwion's fear was nothing compared to Ceridwen's rage. Gwion turned himself into a hare to run as fast as the wind, but Ceridwen took the form of a greyhound. When she was about to catch him, he became a fish and jumped into the river. Once again Ceridwen was too

Ceridwen
Gwrach

Er mai cymeriad mewn chwedl ydi Ceridwen, byddai'n braf meddwl bod rhyw elfen o wirionedd yn ei hanes. Yn sicr roedd hi'n un o'r merched mwyaf gwyllt y gallech chi ddod ar ei thraws.

Yn ôl y stori, gwraig Tegid Foel oedd Ceridwen, y gŵr a roddodd ei enw i Lyn Tegid. Ganed mab i'r ddau a'i alw'n Morfran, sydd yn enw digon drwg ynddo'i hun, ond ei ffugenw yn yr ardal oedd Afagddu am ei fod mor erchyll o hyll. Gan ei bod yn wrach, penderfynodd Ceridwen y gallai wneud i'w mab edrych yn llawer delach ac aeth ati i baratoi trwyth arbennig iawn mewn crochan anferth. Roedd raid i'r crochan ferwi am flwyddyn a diwrnod cyn y byddai'r trwyth yn gweithio a chael yr effaith a ddymunai ar Afagddu druan.

Gosodwyd y crochan yn Llanfor, a Gwion Bach gafodd y gwaith o'i wylio a chadw'r tân i fynd. Fyddai o ddim yn waith difyr iawn am ddiwrnod, heb sôn am flwyddyn, ac felly doedd hi fawr o syndod nad oedd Gwion druan yn canolbwyntio llawer pan ddaeth y diwrnod mawr. Rhywsut neu'i gilydd fe lyncodd o dri diferyn o'r trwyth oedd wedi ei fwriadu ar gyfer Afagddu.

Fe ddychrynodd Gwion druan gymaint nes iddo redeg i ffwrdd, ond doedd hyn yn ddim o'i gymharu â gwylltineb Ceridwen. Trodd Gwion ei hun yn ysgyfarnog er mwyn medru rhedeg cyn gyflymed â'r gwynt, ac fe drodd Ceridwen ei hun yn filiast. Pan oedd hi bron â'i ddal fe newidiodd Gwion ei hun yn bysgodyn a neidio i'r

clever for him, as she became an otter. When things were stacked in her favour again, Gwion became a bird in order to fly away – but when he turned to have a look where Ceridwen was, she was there on his tail, as a falcon. In desperation, Gwion saw a pile of grain and he took their form, thinking she could never find him in such a large pile. But of course, Ceridwen had an answer for this; she turned herself into a hen and quickly pecked up the whole pile, including Gwion.

She soon realised that she was pregnant and knew that it was Gwion growing inside her. Throughout the nine months she could not wait for her chance to kill him. But when he was born, he was so beautiful that she could not bring herself to harm him; instead she carefully stitched a suit of leather and placed him in a coracle before sending him out to sea.

A man named Elffin found the coracle close to Cors Fochno, a marsh near Aberystwyth, and when he saw the baby's high forehead he called him Taliesin. That, according to the legend, is how Tre Taliesin, a village between Machynlleth and Aberystwyth, was named.

Ceridwen was indeed a wild woman who could arouse fear in the bravest, but a little boy's smile melted even her vindictive heart.

afon. Unwaith eto roedd Ceridwen yn rhy glyfar iddo ac fe drodd yn ddyfrast i'w ddilyn. Pan oedd pethau'n edrych yn ddu arno eto fe newidiodd Gwion yn aderyn er mwyn medru hedfan i ffwrdd, ond pan edrychodd tu ôl iddo roedd Ceridwen yno ar ffurf hebog y tro hwn. Gwelodd Gwion bentwr o ronynnau ŷd ac fe benderfynodd droi ei hun yn un ohonynt fel na allai Ceridwen fyth ddod o hyd iddo. Roedd ei hateb hi i hynny yn nodweddiadol o gyfrwys – dewisodd droi'n iâr er mwyn medru bwyta'r gronynnau ŷd. Llyncodd y cyfan, gan gynnwys Gwion.

Ond yn fuan wedyn, sylweddolodd ei bod yn feichiog. Gwyddai'n iawn mai Gwion oedd y babi roedd hi'n ei gario, a thrwy gydol y naw mis roedd hi'n ysu am ei ladd. Ond pan welodd hi o, roedd o mor eithriadol o dlws fel na allai ei ladd. Yn hytrach, rhoddodd wisg o groen amdano a'i gwnïo'n dynn cyn rhoi'r babi mewn cwrwgl a'i anfon allan i'r môr.

Fe ddaeth dyn o'r enw Elffin o hyd i'r cwrwgl yn ymyl Cors Fochno, a phan welodd dalcen uchel y babi fe roddodd yr enw Taliesin iddo. A dyna sut y rhoddwyd yr enw Tre Taliesin i'r pentref rhwng Machynlleth ac Aberystwyth, mae'n debyg.

Oedd, roedd Ceridwen yn ddynes wyllt a fedrai godi ofn ar y dewraf, ond pan aeth pethau i'r pen fe doddwyd ei chalon galed hithau gan wên plentyn.

Buddug
(Boudicca)

Buddug (Boudicca)

c. 20 to 60/61
Queen of the Iceni

When you think of strong, brave, gutsy women, ready to fight back without giving up, Buddug is one of the first that springs to mind.

If you walk along the bank of the Thames in London, you can't help noticing the imposing sculpture of a noble woman, her hair streaming in the wind, and two young girls standing alongside her in a chariot behind two powerful horses. This is Buddug with her two daughters. The statue was sculpted during Queen Victoria's reign, and there's a strange irony about it. It's ironic that a woman who fought so valiantly against the huge Roman Empire was used to inspire loyalty towards Victoria, the Queen of one of the largest empires ever seen. It's even more ironic that it's located on the banks of the Thames in the middle of London, the city that was completely destroyed by Buddug and her army.

Buddug lived during the unsettled period when the Romans had arrived in Britain, a very difficult period for both sides. Everyone was trying to adapt to a new era and decide what was best, to work with these new rulers who were determined to govern the whole country, or to resist. Britain was a land of different tribes – each one completely autonomous, with its own lands, rulers and wealth.

We have no concrete evidence as to the tribe Buddug herself belonged to, but we know for certain that she

Buddug

c. 20 hyd 60/61
Brenhines yr Iceni

Pan fyddwch chi'n meddwl am ferched cryf, dewr a llawn gyts sy'n barod i ymladd yn ôl, mae'n debyg mai un o'r rhai sy'n dod i'r meddwl gyntaf yw Buddug.

Wrth grwydro ar hyd glannau'r Tafwys yn Llundain allwch chi ddim peidio â sylwi ar gerflun mawr trawiadol o wraig urddasol a'i gwallt yn llifo tu ôl iddi a dwy ferch yn sefyll mewn cerbyd rhyfel tu ôl i ddau geffyl nerthol. Dyma Buddug a'i dwy ferch. Cerflun a wnaed yn ystod cyfnod y frenhines Fictoria ydi hwn, ac mae'n eironig bod merch a frwydrodd mor galed i wrthwynebu ymerodraeth fawr Rhufain wedi cael ei defnyddio i ennyn teyrngarwch i Fictoria, brenhines un o'r ymerodraethau mwyaf a fu erioed. Mae'n fwy eironig fyth ei bod hi yma, yng nghanol Llundain, yr union dre y bu hi a'i byddin mor brysur yn ei dinistrio'n llwyr.

Roedd Buddug yn byw yn ystod y cyfnod cythryblus pan oedd y Rhufeiniaid newydd gyrraedd Prydain – cyfnod anodd iawn i bawb. Roedd pawb yn trio ffeindio'i draed a phenderfynu beth oedd orau – gweithio hefo'r bobl newydd yma oedd yn benderfynol o reoli'r wlad neu ymladd yn eu herbyn nhw. Ac nid un 'pobl' oedd trigolion Prydain bryd hynny ond nifer o lwythi amrywiol, a phob llwyth â'i diriogaeth, ei frenin a'i gyfoeth ei hun.

Does dim sicrwydd o ba lwyth yr oedd Buddug ei hun yn hanu, ond does dim amheuaeth ei bod wedi priodi brenin yr Iceni. Y llwyth yma oedd yn byw yn y rhan o

married the King of the Iceni. This was the tribe that inhabited the area now known as East Anglia. These were flat wetlands, difficult to farm but ideal for breeding horses, and the Iceni depended on trading hoses for their livelihood. They were also skilful blacksmiths and their coins have been found in the area, with the shape of a horse and the name of the tribe inscribed on them. The Iceni, in the same way as all the people of Britain at the time, followed the Druidical religion, with its great emphasis on the powers of nature.

The Romans were very different. They had arrived in Britain in AD 43 because one of the tribes, the Atrabates, had asked for their help as two sons of one of Britain's main leaders, Togodumnus and Caradog, were fighting for territory. Rome was very willing to comply and Aulus Plautius managed to kill Togodumnus and capture Caradog. Due to their success, the Emperor Claudius himself arrived in Britain at the town of Camulodunum, or Colchester as it is known today, and showed his might by marching his best soldiers, horses and even elephants along the streets.

Colchester was very close to the lands of the Iceni, and their King at the time, Autedios, decided it would be wise to secure all this Roman might on his side, so he paid homage to Claudius. In return, Rome was prepared to give the Iceni a substantial sum of money and the Iceni were to contribute grain, cattle, gold, iron, slaves, hunting dogs and oysters to the Romans.

Things were running fairly smoothly in the early years but, in AD 54, Claudius was murdered, Rome was in turmoil and Nero became emperor. He was very young and had very little control over what was happening around him, let alone in the furthest corner of his empire. The soldiers could do as they wished and they took full

Loegr a elwir yn East Anglia rŵan – ardal wastad a gwlyb, tir anodd i'w ffarmio ond i'r dim i fagu ceffylau, a dyna oedd prif fywoliaeth yr Iceni, magu ceffylau a'u gwerthu i gael nwyddau eraill. Roedden nhw'n rhai da am drin haearn hefyd ac mae darnau o'u harian wedi dod i'r golwg yn yr ardal, hefo llun o geffyl ac enw'r llwyth arnyn nhw. Roedd yr Iceni, yr un fath â gweddill pobl Prydain ar y pryd, yn dilyn crefydd y Derwyddon, crefydd oedd yn rhoi pwyslais mawr ar natur.

Ond roedd y Rhufeiniaid yn wahanol iawn. Roedden nhw wedi cyrraedd Prydain yn OC 43 oherwydd bod llwyth yr Atrabates, wedi gofyn i Rhufain am help gan fod dau fab i un o brif arweinwyr Prydain, sef Togodumnus a Caradog, yn ymladd am diriogaeth. Roedd Rhufain yn barod iawn i ymateb ac fe lwyddodd Aulus Plautius i ladd Togodumnus a dal Caradog. Oherwydd y llwyddiant yma daeth yr Ymerawdwr Claudius ei hun drosodd i Brydain, ac yn nhref Camulodunum (Colchester heddiw) fe aeth ati i ddangos ei rym trwy orymdeithio'i filwyr a'i geffylau gorau, a hyd yn oed ei eliffantod, drwy'r strydoedd.

Roedd Colchester yn agos iawn at diroedd yr Iceni, a phenderfynodd eu brenin ar y pryd, Autedios, mai doeth o beth fyddai cael yr holl rym Rhufeinig yma o'i ochr yntau hefyd. Felly aeth i dalu ei wrogaeth i Claudius. O ganlyniad i hynny, roedd Rhufain yn barod i roi swm sylweddol o arian i'r Iceni, a'r Iceni yn cyfrannu grawn, gwartheg, aur, haearn, caethion, cŵn hela ac wystrys iddyn nhwythau.

Roedd pethau'n rhedeg yn weddol esmwyth am sbel, ond yn OC 54 llofruddiwyd Claudius yn Rhufain, a daeth Nero yn ymerawdwr yn ei le. Bachgen ifanc oedd Nero a doedd ganddo fawr o reolaeth ar yr hyn oedd yn digwydd o flaen ei drwyn, heb sôn am yng nghornel bellaf ei ymerodraeth. Roedd gan y milwyr ben rhyddid ac fe

advantage of the opportunity by imposing a much stricter regime. Colchester became an important centre; retired soldiers could claim pieces of land there and live in abundance by exploiting the local inhabitants. But the decision that incensed the locals was the one to construct a huge temple to Claudius at Colchester. If they had done so at their own expense it would have been bad enough, but the Romans insisted that the local inhabitants did all the work and were even taxed to pay the whole cost. An imposing, pompous temple like this was in complete contrast to the Druidic traditions, as they believed in using quiet glades in the woods for their religious ceremonies.

But it was in AD 60 that the Romans went too far. Catus Decianus, who would correspond to our Chancellor of the Exchequer, declared that all the money they had given to Britain was in fact a loan, and that it was now time to repay it, every penny, and in one lump sum. He was not a man who travelled the country with his hand out asking nicely for money. If the Britons did not give him immediate payment they were forced to do so.

These were dark days indeed for the Iceni and, to make matters even worse, King Prasutagus, Buddug's husband, died. He was an organised leader and in his will he had left all his property in the hands of the Emperor as a trustee. Catus Decianus saw his opportunity – he took everything into his own hands and treated the king's family as slaves. To cap it all, as the ultimate show of his might, he dragged Buddug to a public place and whipped her viciously and commanded his soldiers to rape her two daughters.

It was no great surprise, then, when Buddug was seen at Thetford before a huge gathering of people, urging them to follow her to war. Another irony in Buddug's

wnaethant yn fawr o'u cyfle gan reoli'n fwy llym o lawer. Datblygodd Colchester yn ganolfan bwysig iddyn nhw; yno yr oedd milwyr wedi ymddeol yn cael mynd i hawlio darn o dir a chael bywyd bras ar draul y trigolion. Ond yr un peth a gynddeiriogodd y bobl leol yn llwyr oedd y penderfyniad i godi teml anferth i Claudius. Petaen nhw wedi gwneud hynny ar eu traul eu hunain fe fyddai hynny'n ddigon drwg, ond fe fynnodd y Rhufeiniaid bod y bobl leol yn gwneud y gwaith i gyd ac yn cael eu trethu i dalu'r costau hefyd. Roedd teml fawr fel hyn yn hollol groes i bopeth y credai'r Derwyddon ynddo – llannerch dawel yn y coed oedd eu dewis nhw i addoli ynddi, nid rhyw adeilad crand.

Ond yn OC 60 y gwnaeth y Rhufeiniaid y llanast gwirioneddol. Fe benderfynodd Catus Decianus, fyddai'n cyfateb i Ganghellor y Trysorlys heddiw, mai benthyciad oedd yr holl arian a roddodd Rhufain i Brydain, a'i bod yn hen bryd iddyn nhw ei dalu yn ôl, pob ceiniog ohono, a hynny mewn un taliad. Nid dyn i fynd â'i law allan yn gofyn yn neis am ei arian oedd hwn – os na fyddai'n ei gael ar unwaith byddai'n gorfodi pobl i'w roi o.

Rhwng popeth roedd hi'n ddyddiau du ar yr Iceni, ac ar ben y cwbl fe fu farw'r brenin Prasutagus, gŵr Buddug. Yn ei ewyllys roedd wedi gadael ei holl eiddo yn nwylo'r Ymerawdwr, fel ymddiriedolwr, ond mi welodd Catus Decianus ei gyfle – fe gymerodd bopeth i'w ddwylo ei hun a thrin perthnasau'r brenin fel caethion. I goroni'r cwbl aeth â Buddug, y frenhines, i le cyhoeddus a'i chwipio'n gïaidd gan roi gorchymyn i'w filwyr dreisio ei dwy ferch ifanc.

Doedd hi fawr o syndod, felly, pan welwyd Buddug yn sefyll o flaen tyrfa anferth yn Thetford, yn eu hannog i'w dilyn i ryfel. Eironi arall yn stori Buddug yw ein bod ni'n gorfod dibynnu ar y Rhufeiniaid am ein disgrifiadau

story is that we have to depend on Roman accounts for our descriptions of her, and therefore it is difficult to judge how dependable they are. One cannot help but believe the description of a tall woman, with auburn hair flowing down over her shoulders and a heavy band of gold around her neck, inspiring the crowd in a hoarse voice until they were baying for Roman blood. The image of one woman leading a whole tribe to war against the might of Rome, the most masculine power imaginable, is striking.

When anticipating a battle, the druids would release a hare into the crowds and its path would be a sign of success. The signs must have been promising as over 100,000 men enlisted in Buddug's army, including the tribe that inhabited the neighbouring lands, the Trinovantes.

The huge army marched towards the Roman town on the Trinovantes' lands, Colchester, as it was the most obvious symbol of Rome's supremacy. Moving an army of 100,000 people cross-country cannot be done inconspicuously and the people of Colchester were well aware of the army's approach. Buddug had timed the attack well as Suetonius Paulinus, the main Roman military leader, was at the time busy attacking the druids on Anglesey. Although the inhabitants of Colchester pleaded for help, Catus Decanius sent only 200 extra soldiers to support the 700 already there.

When the army reached Colchester with Buddug at the vanguard, they completely destroyed it in a very short space of time. The shops and wooden houses were all burnt. The only choice left to the Romans was to flee to Claudius's temple, the only stone built building in the town, and the heavy copper doors were shut tight. One can only imagine how they felt, waiting with bated

ohoni, ac felly mae'n anodd gwybod faint o goel i'w roi arnynt. Ond mae rhywbeth yn reit gredadwy yn y disgrifiad o ddynes dal, hefo gwallt browngoch yn llifo dros ei hysgwyddau a thorch fawr o aur am ei gwddw, yn cynhyrfu'r dorf mewn llais cryg nes eu bod yn ysu am waed y Rhufeiniaid. Mae'n drawiadol iawn meddwl bod un ferch wedi llwyddo i gael llwyth cyfan i'w dilyn i ryfel yn erbyn grym Rhufain – grym oedd mor wrywaidd ag y gallai fod.

Mae'n debyg ei bod yn draddodiad gan y Derwyddon i ollwng ysgyfarnog, anifail oedd yn hollbwysig iddyn nhw, i ganol y dyrfa cyn brwydr i weld i ble yr âi. Byddai llwybr y 'sgwarnog yn arwydd o lwyddiant eu hymdrech. Mae'n rhaid bod yr arwyddion yn dda. Yn ôl y sôn roedd dros 100,000 o bobl wedi ymuno â Buddug, a hynny'n cynnwys y llwyth oedd yn byw agosaf atynt, y Trinovantes.

Ymdeithiodd y fyddin fawr i gyfeiriad Colchester, y dref Rufeinig oedd ar dir y Trinovantes, gan mai honno oedd y symbol amlycaf o oruchafiaeth Rhufain. Nid mater hawdd yw symud byddin o 100,000 ar draws gwlad heb i bobl ddeall bod rhywbeth ar y gweill, ac fe wyddai pobl Colchester yn iawn beth oedd ar fin digwydd. Roedd Buddug wedi dewis ei hamser yn ddoeth gan fod Suetonius Paulinus, prif arweinydd milwrol y Rhufeiniaid, yn brysur ar y pryd yn ymosod ar y derwyddon ar Ynys Môn. Er i bobl Colchester ofyn am help, troi clust fyddar wnaeth Catus Decanius gan anfon dim ond 200 o filwyr at y 700 oedd yn y dref yn barod.

Gyda Buddug ar flaen y frwydr, fuon nhw ddim yn hir yn dinistrio'r lle yn llwyr. Llosgwyd y siopau a'r tai pren i gyd. Yr unig ddewis oedd gan y Rhufeiniaid oedd ffoi i deml Claudius, yr unig adeilad carreg ar y safle. Caewyd y drysau mawr copr ac yno y buon nhw'n aros. Dychmygwch eu teimladau nhw yno a'r distryw mawr yn

breath, all hell breaking loose around them and knowing there was no hope of escape. The army were unable to reach them through the doors; their only access would be by lifting the slates off the roof, and they proceeded to do so.

Buddug and her army's victory was total and complete. Archaeologists have since found evidence of the fierce fire that burnt in Colchester. The level for this period shows a thick layer of red clay, evidence of a fire so fierce that the clay walls of houses were baked like pottery in a kiln.

The huge army moved on towards a new town on the Thames that was establishing itself as a centre of commerce. The people of London had plenty of time to realise that the army was heading there, an army that grew in number as it proceeded, and that burnt and destroyed all Roman property as it marched. In the meantime, Suetonius Paulinus had returned from Anglesey but he saw that defending London would be impossible, so everyone was ordered to flee. The vast majority complied and escaped as quickly as possible but many remained – the elderly, and those who had no wish to live anywhere else.

When Buddug's army arrived it was a familiar story. London was destroyed completely by fire and the Romans, who recorded the events, implied that the Londoners who remained there were treated in a barbaric way, especially the women. There may be an element of revenge here for the way Buddug and her daughters were treated by the Romans.

Suetonius Paulinus and his army had taken flight towards Wales, along Watling Street, and Buddug's next objective was to follow him so that the Roman defeat would be complete. On its march, the army passed by St Albans, home of the Catuvellauni, old enemies of the

digwydd o'u cwmpas, gan wybod nad oedd ganddyn nhw obaith dianc. Allai'r fyddin mo'u cyrraedd trwy'r drysau – yr unig ffordd y gallen nhw gael atynt oedd trwy godi llechi'r to o un i un a dringo i mewn, a dyna a wnaethon nhw.

Roedd buddugoliaeth Buddug a'i byddin yn llwyr a chyfan gwbl. Yn ôl archaeolegwyr, mae ôl y tân ffyrnig fu'n llosgi yn Colchester i'w weld o hyd. O fynd i lawr i'r lefel gywir, mae haen dew o glai coch i'w weld o dan y dref. Hwn yw ôl y tân oedd mor felltigedig o boeth fel bod pridd waliau'r tai wedi ei losgi fel petai'n botyn pridd mewn odyn.

Symudodd y fyddin yn ei blaen i gyfeiriad tref newydd ar lannau'r Tafwys oedd yn prysur sefydlu ei hun fel canolfan fasnachol. Roedd pobl Llundain wedi clywed bod y fyddin fawr ar ei ffordd, byddin oedd yn tyfu gyda phob cam gan losgi a dinistrio eiddo'r Rhufeiniaid wrth fynd yn ei blaen. Erbyn hyn roedd Suetonius Paulinus wedi cael digon o amser i ddod yn ôl o Ynys Môn, ond ni welai bod unrhyw obaith amddiffyn Llundain, felly gorchmynnodd i bawb ffoi. Ufuddhaodd y mwyafrif llethol a dianc o'r dref gyntaf y gallen nhw ond roedd llawer ar ôl hefyd, yn hen bobl a rhai nad oedd am fyw yn unlle arall.

Pan gyrhaeddodd byddin Buddug, yr un oedd y stori eto. Dinistriwyd Llundain yn llwyr ac mae'r cofnodwyr Rhufeinig yn awgrymu bod y bobl oedd ar ôl yno wedi cael eu trin yn gïaidd iawn, yn arbennig felly'r merched. Mae'n siŵr bod yma elfen gref o ddial am y ffordd y bu i'r Rhufeiniaid eu hunain drin Buddug a'i merched.

Roedd Suetonius Paulinus a'i fyddin wedi ffoi i gyfeiriad Cymru ar hyd Stryd Watling, a'r cam nesaf oedd dilyn hwnnw er mwyn ceisio trechu'r Rhufeiniaid yn llwyr. Ar ei ffordd, roedd y fyddin yn mynd heibio tref St Albans, cartref y Catuvellauni – hen elynion i'r

Trinovantes, and they could not resist the opportunity to destroy the town. Thus the main chink in the Britons' armoury became apparent – their complete lack of co-operation. If Buddug and her army had united all the tribes they could possibly have conquered the Romans, but that didn't happen.

By the time Buddug's army caught up with them, the Romans had been given enough time to pick and choose the ideal location for the battle, and to plan every move. They knew exactly how the British army would fight and also exactly how to deal with their advance. They chose a narrow gully leading into open fields. Buddug gathered her troops on the fields, forming a semi-circle. The Romans held their ranks tightly together at the narrowest point and waited for the Britons to attack them. The Roman strategy was for the first soldier to strike the enemy with a shield and the second soldier to kill with a dagger. That is how the Romans moved slowly on through the Britons, systematically killing them as they went. They had no hope against the Roman war machine.

No one knows what happened to Buddug, nor exactly where the battle took place. Some tales tell of her escape, but it is more likely that she was amongst the thousands of corpses strewn across the battlefield at the end of that terrifying day.

But she is still an inspirational figure. Her bravery, her determination and her loyalty to her tribe still instil feelings of admiration and respect.

Trinovantes – a manteisiodd y rheiny ar eu cyfle i ddifetha'r dref. Ac felly fe ddangoswyd gwendid mawr Prydain, sef y diffyg cydweithio rhwng y llwythi. Petai Buddug a'i byddin wedi ceisio uno'r llwythi, byddai mwy o obaith iddynt gael gwared o'r Rhufeiniaid, ond nid felly y bu.

Erbyn i fyddin Buddug gyrraedd, roedd y Rhufeiniaid wedi cael amser i ddewis lleoliad y frwydr yn ofalus, a chynllunio pob symudiad. Roedden nhw'n gwybod sut y byddai'r Prydeinwyr yn ymladd ac yn gwybod yn union sut i ddelio â hynny trwy ddewis lle cul yn arwain at dir agored. Casglodd Buddug ei byddin at ei gilydd ar y tir hwnnw, gan ffurfio hanner cylch cyn ymosod. Daliodd y Rhufeiniaid eu rhengoedd yn dynn hefo'i gilydd yn y lle culaf a gadael i'r Prydeinwyr ruthro atyn nhw. Polisi'r Rhufeiniaid oedd bod y milwr cyntaf yn taro'r gelyn hefo'i darian ac wedyn yr ail yn ei ladd hefo cyllell fer. Ac felly y symudodd y Rhufeiniaid yn araf ymlaen trwy'r Prydeinwyr gan eu lladd o un i un. Doedd ganddyn nhw ddim gobaith yn erbyn y peiriant rhyfel Rhufeinig.

Ni ŵyr neb beth yn union ddigwyddodd i Buddug, na ble yn union yr oedd y frwydr. Mae yna chwedlau sy'n dweud ei bod wedi ffoi, ond mae'n fwy na thebyg ei bod ymhlith y miloedd ar filoedd o gyrff a orweddai ar faes y gad ar ddiwedd y diwrnod erchyll hwnnw.

Ond mae Buddug yn dal yn ysbrydoliaeth inni i gyd, yn ferched a dynion. Roedd ei dewrder, ei phenderfyniad a'i ffyddlondeb i'w llwyth a'i theulu yn drech na phopeth.

Arianrhod a/and Blodeuwedd

Arianrhod and Blodeuwedd
Mythological

These are two wild women portrayed in the Mabinogi, the collection of early Welsh mythology. Both feature in the same branch, the story of Math fab Mathonwy, and the two stories are intertwined to such a degree that it is better to combine both into one chapter.

Curses and fate feature prominently in the Mabinogi and these two women suffer their fair share because of them. Math fab Mathonwy was Lord of Gwynedd and he was cursed so that he had to sit with his feet on the lap of a virgin at all times, unless he was at war. *Any* virgin would not be good enough for the Lord of Gwynedd, and Goewin ferch Pebin, the chosen one, was very attractive. She attracted the attention of everyone at court and one of them fell head over heels in love with her. He was Gilfaethwy, brother of Gwydion – both of them nephews of Math. As Gilfaethwy was becoming ill due to his love for Goewin, Gwydion decided that he had to do something to help and he plotted a complicated scheme to ensure that Pwyll Pendefig Dyfed and Math went to war. When Math was in battle, Goewin would be left at court and Gilfaethwy could take advantage of the situation. Unfortunately, Gilfaethwy couldn't control himself and took advantage of Goewin against her wishes. When Math returned from battle, having lost a host of soldiers and witnessed the death of Pwyll, the last thing he wanted to hear from Goewin was that she had been raped and could no longer be his virgin.

Arianrhod a Blodeuwedd

Chwedlonol

Dyma i chi ddwy ddynes wyllt sy'n cael eu darlunio yn y Mabinogi, a'r ddwy yn yr un gainc, sef Math fab Mathonwy. Mae straeon y ddwy wedi eu plethu i'w gilydd gymaint fel mai un stori yw hi yn y bôn.

Yn y Mabinogi, mae melltith a thynged yn cael lle amlwg iawn ac mae'r ddwy ferch yma yn dioddef oherwydd hynny. Roedd Math fab Mathonwy yn arglwydd ar Wynedd, ond fe osodwyd tynged fod yn rhaid iddo eistedd â'i draed ar lin morwyn bob amser oni bai ei fod mewn rhyfel – morwyn yn yr ystyr gorfforol yn yr achos hwn, wrth gwrs. Fyddai *unrhyw* forwyn ddim yn gwneud y tro i Arglwydd Gwynedd, ac roedd Goewin ferch Pebin, y ferch a ddewiswyd, yn dipyn o bishyn. Roedd hi'n destun edmygedd pawb yn y llys ond fe syrthiodd un gŵr dros ei ben a'i glustiau mewn cariad â hi. Gilfaethwy oedd hwnnw, brawd i Gwydion, a'r ddau yn neiaint i Math. Gan fod Gilfaethwy yn glaf o gariad, fe benderfynodd Gwydion fod yn rhaid iddo wneud rhywbeth i'w helpu. Felly lluniodd gynllun hynod o gymhleth i sicrhau bod Math a Pwyll Pendefig Dyfed yn mynd i ryfel. Gyda Math yn rhyfela byddai Goewin yn cael ei gadael ar ei phen ei hun yn y llys, gan roi cyfle i Gilfaethwy sgwrsio â hi. Yn anffodus, fe wnaeth Gilfaethwy lawer mwy na sgwrsio â hi – a hynny'n groes i ewyllys Goewin – ac felly pan ddaeth Math yn ei ôl wedi colli llu o'i filwyr ac wedi gweld Pwyll ei hun yn cael ei ladd, y peth olaf roedd o am ei glywed oedd bod Goewin

Unsurprisingly, Gwydion and Gilfaethwy were severely punished. They were turned into a stag and doe for a year, a boar and sow for another year and lastly a wolf and wolf-bitch. After three years of this, Math considered that they had suffered enough and accepted them back to court. He even asked them to help him choose a virgin to replace Goewin. Immediately, Gwydion suggested his sister, Arianrhod.

Before Math could accept Arianrhod, she had to prove that she was in fact a virgin and to do so she had to step over Math's wand. As she did this, a beautiful baby fell to the floor. This was Dylan Eil Ton who rushed into the sea the second he was baptised. Gwydion had noticed that something else had fallen to the floor as Arianrhod stepped over the wand, and he hid it in a chest at the foot of his bed. This was another baby and Gwydion arranged for it to be brought up outside the court. But the child grew remarkably quickly and when, at four years of age he came to court, Gwydion decided that he could stay there. When the child was eight years old, still without a name, Gwydion decided that something had to be done. He sailed over to Caer Arianrhod to see his sister, and introduced her to her son.

Arianrhod was livid. She felt that Gwydion was trying to pour salt into the wound after her failure; she placed a curse on the child that he would never be given a name unless she personally gave it to him. Gwydion had to be very cunning to overcome this curse. He managed to fool Arianrhod that he and the child were two shoemakers and even charmed her into a boat with them. When a wren landed on the boat, the boy threw a stone and managed to hit the bird. Arianrhod was amazed at this and said that he had a skilful hand. Gwydion turned to her immediately and thanked her for giving her son a

wedi cael ei threisio ac na allai fod yn forwyn iddo bellach.

Yn naturiol, fe gosbwyd Gwydion a Gilfaethwy yn llym iawn. Cawsant eu troi yn garw ac ewig am flwyddyn, yn fochyn a hwch am flwyddyn arall ac yn olaf yn flaidd a bleiddiast. Wedi tair blynedd fel hyn, roedd Math yn ystyried eu bod wedi dioddef digon ac fe'u derbyniodd yn ôl i'w lys. Yn fwy anhygoel fyth, fe ofynnodd iddyn nhw ei helpu i ddewis morwyn yn lle Goewin. Cynigiodd Gwydion ei chwaer Arianrhod yn syth.

Cyn y gellid ei derbyn, roedd yn rhaid i Arianrhod brofi ei bod yn forwyn, a hynny drwy gamu dros hudlath Math. Ond wrth iddi gamu drosto, fe syrthiodd babi hardd, penfelyn allan ohoni. Hwn oedd Dylan Eil Ton a ruthrodd i'r môr yr eiliad y cafodd ei fedyddio. Roedd Gwydion wedi sylwi bod rhywbeth arall hefyd wedi syrthio ar lawr wrth i Arianrhod gamu dros yr hudlath ac fe'i cuddiodd mewn cist wrth droed ei wely. Babi oedd hwn hefyd ac fe drefnodd Gwydion iddo gael ei fagu gan rywun y tu allan i'r llys. Ond fe dyfodd y plentyn yn rhyfeddol, a phan oedd yn bedair oed fe benderfynodd Gwydion y câi ei fagu yn y llys o hynny ymlaen. Roedd y plentyn yn wyth oed ac yn dal heb gael enw pan benderfynodd Gwydion bod yn rhaid gwneud rhywbeth ynghylch y peth. Hwyliodd draw i Gaer Arianrhod i weld ei chwaer a'i chyflwyno i'w mab.

Roedd Arianrhod yn gandryll; teimlai bod Gwydion yn ceisio ailgodi hen grachen ac fe roddodd dynged ar y plentyn na fyddai'n cael enw oni bai ei bod hi'n rhoi enw arno. Bu'n rhaid i Gwydion fod yn gyfrwys iawn i oresgyn y dynged yma. Llwyddodd i dwyllo Arianrhod mai dau grydd oedd o a'r plentyn ac fe'i hudodd hi i'r cwch lle'r oedden nhw'n gweithio. Wedi iddi eistedd yn y cwch, glaniodd dryw ar yr ymyl ac fe lwyddodd y bachgen i

name – he was then called Lleu Llaw Gyffes (Lleu / Llew of the Skilful Hand).

Arianrhod lost her temper completely and placed another curse on Lleu: that he could never carry arms unless she gave them to him – a curse with severe implications in a period of fierce fighting. When Lleu was ready to be armed, Gwydion took him back to Caer Arianrhod, and they posed as two poets from Glamorgan. They were accepted into the fort and then Gwydion set about convincing everyone that the fort was being attacked by a fleet of ships. Arianrhod asked him what would be her best option. He replied that they should shut all the gates and fight the best they could. Arianrhod then gave everyone arms and, in the process, she armed Lleu himself. As soon as she did so, Gwydion informed her that they had no need for them as the attack was only an illusion, but that Lleu was now armed.

Arianrhod was furious once again and placed another curse on him: that he could never be married to a girl from a 'nation on this earth now'. Arianrhod then disappears from the tale in as bad a mood as she was when she entered it. Arianrhod's name can be linked to the stars and it is claimed that she corresponds to the Greek goddess, Ariadne, and the Corona Borealis; the stars associated with Ariadne are called Caer Arianrhod in Welsh. But Caer Arianrhod is also an actual island which can be seen (on a very low tide) off the coast of Gwynedd, close to Dinas Dinlle.

Blodeuwedd came into being as a result of the last curse. Gwydion and Math decided to create a wife for Lleu through witchcraft. Three flowers were chosen for the task: the flowers of the oak tree, broom and meadowsweet. The oak represents steadfastness, broom

luchio carreg a'i daro. Rhyfeddodd Arianrhod at ei ddawn gan ddweud bod ganddo law 'gyffes' neu fedrus. Trodd Gwydion ati'n syth gan ddiolch iddi am roi enw i'w mab – Lleu Llaw Gyffes.

Gwylltiodd Arianrhod yn lloerig eto gan roi tynged arall ar Lleu, sef na fyddai byth yn cael cario arfau oni bai ei bod hi'n eu rhoi iddo – tynged ddifrifol iawn mewn cyfnod o ymladd mor ffyrnig. Pan dyfodd Lleu yn ddigon hen i gael arfau, aeth Gwydion ag o yn ôl i Gaer Arianrhod gan honni mai dau fardd o Forgannwg oedden nhw. Wedi eu derbyn i mewn i'r Gaer, llwyddodd Gwydion i wneud i bawb feddwl bod y gaer dan warchae a bod llongau ar fin ymosod arni. Gofynnodd Arianrhod iddo beth fyddai orau iddi ei wneud. 'Cau y gaer arnom a gwneud orau y gallwn,' oedd ei ymateb, oedd yn golygu y dylai pawb fod ag arfau, wrth gwrs. Rhoddodd Arianrhod ei hun yr arfau i Lleu. Cyn gynted ag y gwnaeth hi hynny dywedodd Gwydion wrthi nad oedd eu hangen gan mai rhith oedd yr ymosodiad.

Nid oedd Arianrhod am roi i fyny a rhoddodd dynged arall ar Lleu, sef na fyddai byth yn cael gwraig 'o'r genedl sydd ar y ddaear hon yn awr'. Mae cyfraniad Arianrhod at y stori yn dod i ben yn y fan honno ac mae'n diflannu o'n llenyddiaeth mor wyllt ag y daeth hi i mewn iddo. Mae cysylltiad amlwg rhwng enw Arianrhod a'r sêr, ac yn ôl rhai roedd hi'n cyfateb i'r dduwies Roegaidd, Ariadne, ac fe elwir y Corona Borealis, y sêr a gysylltid ag Ariadne, yn Gaer Arianrhod. Ond mae Caer Arianrhod yn bodoli ar y ddaear hefyd, fel y mae cân Bando yn tystio. Fe'i gwelir, ar lanw isel iawn, oddi ar arfordir Arfon, yn agos at Ddinas Dinlle.

Oherwydd y dynged olaf hon ar Lleu y daeth Blodeuwedd i fodolaeth. Aeth Gwydion ati efo Math i greu gwraig i Lleu trwy ddewiniaeth. Dewiswyd tri

represents beauty and the meadow-sweet is remembered for its sweet smell.

Blodeuwedd was created for one man, Lleu Llaw Gyffes; they were married immediately and lived at Mur y Castell, known as Tomen y Mur in the Trawsfynydd area today, and according to the Mabinogi everyone was 'very satisfied'.

But things changed dramatically when Lleu visited Math fab Mathonwy and left his wife at home. Blodeuwedd heard a hunt galloping past and invited the huntsmen to her home. The hunt was led by Gronw Pebr of Penllyn, and before morning Blodeuwedd had fallen in love with him. Gronw stayed for two days and he and Blodeuwedd plotted to kill Lleu so that they could live together.

The killing of Lleu Llaw Gyffes was no small matter. It had been fated that he would have to stand with one foot on the edge of a trough and the other on the back of a goat, and he had to be struck by a spear made over a period of a year during the times of mass services only. By faking concern for Lleu, Blodeuwedd managed to extract all this information from him and sent a message to Gronw to prepare the spear.

In a year's time Blodeuwedd asked Lleu to show her exactly what he would have to do before he could be killed. When he stepped onto the trough and the goat, Gronw seized his opportunity and threw the spear at him. As it hit its mark, Lleu flew away in the form of a large eagle and gave a piercing screech before disappearing.

Gronw and Blodeuwedd took possession of the court and all the lands, and everything seemed perfect. But when Gwydion heard the news about his favourite nephew he decided to search for him. He travelled the

blodyn ar gyfer y gwaith – blodau'r dderwen, y banadl a'r erwain. O feddwl am y tri, mae rhywun yn cysylltu'r dderwen â chadernid, y banadl â harddwch, a'r erwain ag arogl melys.

Crëwyd Blodeuwedd ar gyfer un dyn, felly, sef Lleu Llaw Gyffes. Priodwyd y ddau yn syth ac aethant i fyw i Fur y Castell, lle mae Tomen y Mur yn ardal Trawsfynydd heddiw, ac yn ôl y Mabinogi roedd pawb 'yn fodlon iawn'.

Ond fe ddaeth tro ar fyd pan aeth Lleu i weld Math fab Mathonwy a gadael ei wraig gartref. Clywodd Blodeuwedd sŵn helfa yn mynd heibio a gwahoddodd yr helwyr i mewn. Gronw Pebr o Benllyn oedd yn arwain yr helfa, a chyn y bore roedd Blodeuwedd ac yntau mewn cariad. Arhosodd Gronw yno am ddeuddydd ac fe gynllwyniodd y ddau i ladd Lleu er mwyn medru byw gyda'i gilydd.

Nid mater bach oedd lladd Lleu Llaw Gyffes. Roedd tynged arno y byddai'n rhaid iddo fod yn sefyll ag un droed ar gafn a'r llall ar gefn bwch gafr, ac y byddai'n rhaid ei drywanu â gwaywffon fyddai wedi cael ei gwneud dros gyfnod o flwyddyn a hynny ar adeg gwasanaeth offeren yn unig. Trwy ffugio ei bod yn poeni amdano, fe lwyddodd Blodeuwedd i gael yr wybodaeth yma gan Lleu ac yna anfon neges at Gronw yn dweud y dylai ddechrau paratoi'r waywffon ar unwaith.

Ymhen y flwyddyn fe ofynnodd Blodeuwedd i Lleu ddangos iddi yn union beth fyddai'n rhaid iddo ei wneud cyn y gallai rhywun ei ladd. Wedi iddi hi ei ddarbwyllo i gamu ar y cafn a'r bwch gafr, fe welodd Gronw ei gyfle a thaflu'r waywffon ato a'i drywanu. Trodd Lleu yn eryr mawr a rhoi sgrech cyn diflannu o'u golwg.

Meddiannodd Gronw a Blodeuwedd y llys a'r tiroedd i gyd ac roedd popeth yn edrych yn dda iawn arnynt. Ond pan glywodd Gwydion y newydd am ei hoff nai fe benderfynodd fynd i chwilio amdano. Bu'n crwydro trwy

whole of Powys and Gwynedd before finding Lleu in Arfon, where he turned him back into a human.

Revenge became their obsession. Lleu managed to kill Gronw with a spear, and Gwydion was given the task of punishing his own creation, Blodeuwedd. When he found her, he said that he did not wish to kill her but would do something much worse – he would turn her into a bird. Due to the shame she had brought on Lleu, she could no longer show her face during the day and all other birds would persecute her. Blodeuwedd disappeared into the forest as an owl.

For daring to follow her own instincts, rather than the pattern Gwydion had set for her, she had to spend the rest of her life as a bird of prey.

Bowys a Gwynedd cyn dod o hyd i Lleu yn Arfon a'i droi'n ôl yn ddyn unwaith eto.

Dim ond dial ar Blodeuwedd a Gronw oedd ar feddwl y ddau wedyn. Llwyddodd Lleu i ladd Gronw â gwaywffon er i hwnnw geisio defnyddio llechen fel tarian. Gwydion gafodd y gwaith o gosbi Blodeuwedd. Pan ddaeth o hyd iddi, dywedodd nad oedd am ei lladd, ond yn hytrach ei fod am wneud rhywbeth gwaeth o lawer iddi, sef ei throi yn aderyn. Oherwydd y gwarth yr oedd wedi ei greu i Lleu, ni fyddai'n cael dangos ei hwyneb yn ystod y dydd byth eto a byddai'r adar eraill i gyd yn ei herlid. Diflannodd Blodeuwedd i'r nos fel tylluan.

Am iddi fentro dilyn ei greddf ei hun a pheidio dilyn y patrwm yr oedd Gwydion wedi ei osod ar ei chyfer, bu'n rhaid i'r ferch wyllt a wnaed o flodau dreulio gweddill ei hoes fel aderyn gwyllt.

Nest

Nest

c. 1080–1136

Princess

The story of Helen of Troy is familiar to us all, but Wales also has her own Helen of Troy. She was called Nest. She was said to be especially beautiful and a descendant of one of the most powerful families in South Wales. Her father was Rhys ap Tewdwr, King of Deheubarth. Deheubarth at that time consisted of the area of south-west Wales that became Dyfed in more recent times. But in 1092 her world was split apart with the death of her father in a battle against the Normans. Her two brothers, Hywel and Gruffudd, were too young to rule Deheubarth; arrangements were made immediately for Gruffudd, the eldest, to escape to Ireland so that the heir would be protected, but Nest had to stay in Wales. She became the ward of William II, son of William the Conqueror. Becoming a ward meant that the King could keep a very close eye on Nest, but the king's son, Henry – who became Henry I – did much more than keep a close eye on her, and she bore an illegitimate son, also named Henry, the first of the Fitzhenry family.

Henry apparently arranged her marriage when he became king in 1100, a political marriage in the true sense of the word. The man who was chosen as her husband was Gerald de Windsor, who ruled Pembrokeshire on behalf of the King. As they both lived at Pembroke Castle, this meant that Nest was back home in Wales and

Nest

c. 1080–1136
Tywysoges

Mae stori Caerdroea a Helen yn gyfarwydd i ni i gyd, ond mae gan Gymru ei 'Helen o Gaerdroea' ei hun. Nest oedd ei henw. Mae'n debyg ei bod hi'n arbennig o hardd ac o dras uchel, yn ferch i Rhys ap Tewdwr, brenin y Deheubarth fel yr oedd de-orllewin Cymru'n cael ei alw ar y pryd. Ond ym 1092 fe chwalwyd ei byd gan i'w thad gael ei ladd mewn brwydr yn erbyn y Normaniaid. Roedd ganddi ddau frawd, Hywel a Gruffudd, ond roedd y rheiny'n rhy ifanc i ddilyn eu tad. Trefnwyd i Gruffudd, yr hynaf, ffoi i Iwerddon fel bod yr etifedd yn ddiogel, ond aros yma fu'n rhaid i Nest. Mae'n debyg iddi ddod dan ofal y Brenin Wiliam II, mab Wiliam Goncwerwr – ffordd effeithiol iawn o gadw llygad arni. Ond fe wnaeth mab y brenin, Harri, a ddaeth yn ddiweddarach yn Harri I, lawer mwy na chadw llygad arni. Fe aned mab anghyfreithlon iddyn nhw, a Harri oedd yntau, y cyntaf o deulu'r Fitzhenry.

Mae'n debyg mai Harri hefyd a drefnodd briodas Nest pan ddaeth yn frenin yn 1100, a phriodas wleidyddol oedd hi yn sicr. Norman o'r enw Gerald de Windsor a ddewiswyd yn ŵr iddi – y dyn oedd yn rheoli yn Sir Benfro dros y brenin – ac yng nghastell Penfro y bu'r ddau yn byw. O leiaf roedd Nest wedi cael dod yn ôl i Gymru, ac roedd yn medru gwneud ei rhan ym mrwydr y Cymry yn erbyn y Normaniaid – er ei bod mewn sefyllfa anodd iawn, wrth gwrs, a hithau'n wraig i Norman.

she could covertly play her part in the battle against the Normans, despite her precarious personal situation.

Her greatest contribution towards the success of the Welsh was the great care she took of her brother, Gruffudd ap Rhys. When he arrived back in Wales from Ireland as a young man, Pembroke Castle and his sister were his first port of call. He was given a warm welcome by his sister, if not by his brother-in-law. Nest gave him money, horses and goods so that he could establish his new home at Cantref Mawr, the area around Caeo in Carmarthenshire. Gruffudd used all his gifts to prepare for the struggle to regain his father's crown.

It was in 1109 that Nest earned the title Helen of Wales. During that year Gerald de Windsor, Nest and their children were staying at Cenarth Bychan, believed to be Cilgerran Castle on the banks of the Teifi. During the night a Powys man called Owain ap Cadwgan attacked the castle. Gerald became very nervous and, instead of going out to face his enemy and defend his family, Nest persuaded him to escape through the privy and jump down the tunnel. Not the most dignified route of escape for the king's representative, perhaps! Owain and his men came into the room, kidnapped Nest and her children and took them back to Powys. Owain's home was at Plas Eglwyseg, near Llangollen, at the foot of the famous Horseshoe Pass, and it was here that a close relationship developed between them. Some have claimed that Owain's only incentive was his desire for descendants from the Deheubarth blood stock, but the story has a more romantic ring to it if we can believe that Owain and Nest really did fall in love.

Poor Gerald was not a happy man and he expressed his rage by fiercely attacking Ceredigion. Eventually Nest had to return to Gerald and, as Welsh people, we would like

Ei chyfraniad mwyaf i lwyddiant y Cymry oedd ei gofal mawr o'i brawd, Gruffudd ap Rhys. Pan ddaeth hwnnw'n ôl o Iwerddon yn ddyn ifanc, i Gastell Penfro yr aeth yn syth a chael croeso mawr gan ei chwaer os nad gan ei frawd-yng-nghyfraith. Rhoddodd Nest arian, ceffylau a nwyddau iddo fel ei fod yn medru sefydlu ei gartref newydd yn y Cantref Mawr, yr ardal o gwmpas Caeo. Fe ddefnyddiodd Gruffudd ei holl roddion i baratoi at yr ymdrech i ennill coron ei dad yn ôl.

Ond digwyddiadau 1109 fu'n fodd i enill y teitl 'Helen Cymru' i Nest. Yn ystod y flwyddyn honno roedd hi a'i gŵr, Gerald de Windsor, a'u plant mewn castell yng Nghilgerran ar lan afon Teifi. Yn ystod y nos ymosododd gŵr o Bowys, Owain ap Cadwgan, ar y castell. Ynghanol yr holl sŵn a'r helynt fe ddychrynodd Gerald yn fawr, ond yn hytrach na mynd allan i wynebu ei elynion cafodd ei berswadio gan Nest i ddianc trwy fynd i'r lle chwech a neidio i lawr y twnnel o'r fan honno. Nid y ffordd fwyaf urddasol i gynrychiolydd y brenin ddianc! Yna, daeth Owain a'i wŷr i mewn i'r ystafell a chipio Nest a'i phlant gan fynd â nhw'n ôl i Bowys. Roedd cartref Owain ym Mhlas Eglwyseg ger Llangollen, wrth droed yr enwog Fwlch yr Oernant, ac mae'r chwedl yn mynnu mai i'r fan honno y daeth Owain â hi. Does ganddon ni ddim syniad erbyn hyn pa mor barod oedd Nest i ffoi hefo Owain, ond fe ddatblygodd perthynas glòs rhyngddyn nhw. Honnai rhai mai dim ond am gael etifedd yn disgyn o linach bwysig y Deheubarth yr oedd Owain, ond mae'n llawer mwy rhamantus meddwl mai wedi syrthio mewn cariad yr oedd y ddau.

Doedd Gerald druan ddim yn ddyn hapus iawn, wrth gwrs, ac fe ddangosodd ei gynddaredd yn chwyrn yng Ngheredigion. Yn y pen draw bu'n rhaid i Nest fynd yn ôl ato, a byddai'r rhai rhamantus yn ein mysg yn hoffi

to believe that it was with great reluctance that she left the arms of the Welshman to return to the Norman. Owain then had to escape to Ireland, but that was not the end of Owain ap Cadwgan. Henry I realised that here was a character he should keep a close eye on and he was commanded to accompany him to France. Owain was such an effective soldier and so loyal to Henry that he was knighted in 1115.

Whilst Nest's personal life was in such turmoil, her brother's story was also complicated. As Henry I considered Gruffudd ap Rhys to be one of his arch-enemies, he was forced to flee to Gwynedd where he was welcomed by Gruffydd ap Cynan. Henry I, however, found a way of influencing Gruffydd ap Cynan so that he promised to transfer Gruffudd ap Rhys into the king's hands. Luckily for Gruffudd ap Rhys, Nest had friends in London who informed her of the plot. She sent Gruffudd a message and arranged an escape route for him via Aberdaron. She then arranged for Gwenllian (who features in the next chapter) to escape from Gwynedd to Pembroke Castle, before joining Gruffudd at Cantref Mawr.

Everyone was now in position for the major drama of Nest's life to commence. First of all, Henry I (Nest's first lover) commanded Owain ap Cadwgan (another of her lovers) to attack the army of Gruffudd ap Rhys (Nest's brother) at Cantref Mawr. Henry had also commanded Gerald de Windsor (Nest's husband) to attack Gruffudd. But Gruffudd ap Rhys was too clever to be caught by Owain ap Cadwgan and he managed to escape. Gerald de Windsor saw his opportunity for revenge, and immediately killed Owain ap Cadwgan.

That, however, was not the end of the divided loyalties that featured prominently in Nest's life. When Gruffudd

meddwl mai yn drwm ei chalon yr aeth hi'n ôl at y Norman o freichiau'r Cymro. Bu raid i Owain ffoi i Iwerddon, ond nid dyna fu diwedd ei hanes. Fe welodd Harri I bod hwn yn gymeriad y dylai gadw llygad arno ac fe aeth ag o'n filwr iddo i Ffrainc. Gan fod Owain yn ymladdwr mor alluog a thriw i Harri, cafodd ei urddo'n farchog ym 1115.

Tra oedd bywyd personol Nest yn mynd trwy gyfnod mor gymhleth, roedd hynt a helynt ei brawd hefyd yn hynod o ddyrys. Oherwydd bod Harri I am ei waed, roedd Gruffudd ap Rhys wedi ffoi i Wynedd at Gruffydd ap Cynan, ac mae'n debyg ei fod wedi cael croeso yno. Ond dyn cyfrwys oedd Harri I. Llwyddodd i ddarbwyllo Gruffydd ap Cynan i fynd i Lundain ar joli-hoit, a llwyddo wedyn i wneud i Gruffydd roi ei air i'r Brenin y byddai'n trosglwyddo Gruffudd ap Rhys iddo. Ond, wrth lwc, roedd gan Nest ffrindiau yn Llundain ac mi glywodd un ohonynt am y cynllwynio ac anfon neges ati ar unwaith. Anfonodd Nest y neges yn ei blaen i Wynedd ac yna trefnodd fod Gruffudd yn medru dianc oddi yno ar long o Aberdaron. Trefnodd wedyn i Gwenllian (fel y gwelwch yn y bennod nesaf) hefyd ffoi o Wynedd a mynd ati hi i Gastell Penfro cyn mynd yn ei blaen at Gruffudd yn y Cantref Mawr.

Roedd pawb yn ei le rŵan yn barod am y ddrama fwyaf un ym mywyd Nest. Yn gyntaf, rhoddodd Harri I (cariad cyntaf Nest) orchymyn i Owain ap Cadwgan (cariad arall iddi) ymosod ar weddillion byddin Gruffudd ap Rhys (ei brawd a gŵr Gwenllian) yn y Cantref Mawr. Rhoddodd Harri orchymyn i Gerald de Windsor (ei gŵr) hefyd ymosod arno. Ond roedd Gruffudd ap Rhys yn ormod o lwynog i gael ei ddal gan Owain ap Cadwgan ac fe lwyddodd i ddianc. Gwelodd Gerald de Windsor ei gyfle i ddial ac fe laddodd Owain ap Cadwgan yn y fan a'r lle.

ap Rhys entered battle with the Normans in 1136, his two nephews – Nest's sons, Maurice and William Fitzgerald – were two of the most prominent soldiers who fought against him.

Two of her sons, Maurice Fitzgerald and Robert Fitzstephen, her illegitimate son with Stephen, constable of Cardigan castle, went over to Ireland to claim a great deal of lands there. Her sons therefore conquered the country that gave her brother asylum.

Nest, somehow, managed to be at the heart of all the major conflicts of the period, her loyalty being drawn in all directions. It is claimed that she had 17 children in all and, due to their bloodline, they all had an important place in the history of Wales. Amongst her descendants was Giraldus Cambrensis, one of the first to record the history of Wales, a history in which his family had played such a prominent part.

Ond nid dyna fu diwedd y rhwygo fu ar deyrngarwch Nest druan. Pan gododd Gruffudd ap Rhys yn erbyn y Normaniaid yn 1136, bu'n rhaid iddo ymladd yn erbyn ei deulu ei hun, sef ei ddau nai – meibion Nest, Maurice a William Fitzgerald.

Yn eironig iawn, o gofio mai'r Gwyddelod roddodd loches i Gruffudd, bu Maurice Fitzgerald a'i hanner brawd, Robert Fitzstephen – mab anghyfreithlon i Nest gyda Stephen, cwnstabl castell Aberteifi (ie, cariad arall) – yn ymladd yn Iwerddon hefyd, gan hawlio llawer iawn o diroedd yno.

Roedd Nest druan felly yng nghanol helyntion y cyfnod i gyd a'i theyrngarwch yn cael ei rwygo bob ffordd. Mae'n siŵr ei bod hithau wedi yngan 'pwy faga blant' droeon! Ond roedd hi'n fam ffrwythlon iawn; honnir iddi gael 17 o blant i gyd ac oherwydd eu tras roedd iddyn nhw i gyd eu lle yn hanes Cymru. Ymhlith ei disgynyddion roedd Gerallt Gymro, un o'r rhai cyntaf i gofnodi hanes Cymru. Byddai wedi bod yn falch iawn o hynny, siawns, gan fod ei gweithredoedd i gyd yn awgrymu mai Cymraes i'r carn oedd hithau.

Gwenllian

Gwenllian

??–1135

Princess

The ghost of Gwenllian could be seen years ago on Maes Gwenllian, a field near Kidwelly at the foot of Mynydd y Garreg, searching for her head. Her travels came to an end, so they say, when someone placed a skull in her grave. But the field, which was the site of her last battle, still retains her name.

This Gwenllian was the daughter of Gruffydd ap Cynan, king of Gwynedd, and not her namesake, the daughter of Llywelyn ap Gruffudd (who was forced to be a nun and sent to Lincolnshire, as far as possible from Wales). This Gwenllian was not one of your fairy-tale pampered princesses: it was not a period for such niceties. These were difficult times, with battles fought on the smallest excuse: Welsh against Welsh, Welsh against Norman, and Welsh against Welsh again.

Gruffydd ap Cynan's main court was at Aberffraw, on Anglesey, but he often had to abandon everything and escape to the mountains. It was not a period for bringing up innocent little girls who couldn't think on their feet, and certainly Gwenllian was no shrinking violet! She was renowned for two things at an early age – her fighting ability and her beauty. That's why the king of Deheubarth, Gruffudd ap Rhys, brother of Nest, fell in love with her, it seems. His family ruled an area that corresponded roughly to the old county of Dyfed, one of the three main kingdoms in Wales at the time.

Gwenllian

??–1135

Tywysoges

Yn ôl y stori, roedd ysbryd Gwenllian i'w weld yn gyson ar Faes Gwenllian, wrth droed Mynydd y Garreg yng Nghydweli, yn chwilio am ei phen. Ond daeth ei theithiau trist i ben, medden nhw, pan roddodd rhywun benglog i mewn yn ei bedd. Mae'r cae yn dal i gadw ei henw gan mai yma yr ymladdodd ei brwydr fawr olaf. Efallai mai Buddug sy'n cael ei chofio fel ymladdwraig, ond roedd Gwenllian gystal â hi bob tamed.

Merch i Gruffydd ap Cynan, brenin Gwynedd, oedd y Gwenllian yma, nid y Gwenllian honno oedd yn ferch i Lywelyn ein Llyw Olaf (fe'i gorfodwyd hi i fod yn lleian a'i hanfon i bellafoedd Lloegr). Er gwaetha'r ffaith ei bod hi'n dywysoges, nid magwraeth neis-neis gafodd y Gwenllian yma chwaith. Cyfnod anodd oedd hwn a phawb yn ymladd ar yr esgus lleia – Cymry yn erbyn y Normaniaid, a Chymry yn erbyn Cymry. Aberffraw yn Sir Fôn oedd prif lys Gruffydd ap Cynan, ond yn aml iawn byddai'n rhaid i bawb adael popeth a ffoi i'r mynyddoedd. Doedd o ddim yn gyfnod i fagu merched bach diniwed oedd ddim yn gallu meddwl drostyn nhw eu hunain, ac yn sicr nid un felly oedd Gwenllian. Roedd hi'n cael sylw mawr am ddau beth pan oedd hi'n ifanc: am ei gallu i ymladd ac am ei harddwch. Dyna pam y syrthiodd Gruffudd ap Rhys, brenin y Deheubarth a brawd Nest, mewn cariad â hi, mae'n siŵr. Roedd y Deheubarth ar y pryd yn un o dair prif deyrnas Cymru; y ddwy arall oedd

It all seems like a fairy tale on paper – the daughter of one king falling in love with another king – but the reality was very different. Firstly, Gruffudd ap Rhys had lost all his lands; he was a king without a kingdom, without a roof over his head. Moreover, the king of England was his arch-enemy, as he was afraid that Gruffudd would try to reclaim his kingdom. To make matters even worse, Gwenllian's father, Gruffydd ap Cynan, had promised the king of England that he would capture Gruffudd ap Rhys and kill him. No, things did not look very promising for them.

But their love was stronger than all the fears and threats, and Gwenllian ran away – she sailed away, actually – from Aberdaron to the south (and her lover), where they had to live in the forests of the Caeo area. Their lifestyle must have been very similar to that of Robin Hood, the forests giving them food and shelter and their only defence against their enemies. They married without the knowledge of Gwenllian's family, but it was a very successful and loving partnership, and they did everything together. Gwenllian used to accompany Gruffudd when he dared to attack the Normans who had claimed all his lands, and they obviously worked very well together. Gradually, Gruffudd reclaimed more and more of his lands and, after taking possession of Carmarthen Castle, he also gained Kidwelly Castle and this became their home, which was rather different to their life in the forests of Caeo.

The only problem was that he had become *too* confident and he left Gwenllian at Kidwelly before attacking the whole of Ceredigion. He was victorious in some battles but, at Aberystwyth, his army was completely annihilated. Gwenllian had no choice but to escape back to the forests she knew so well. There followed a very

Gwynedd a Phowys. Yn ein dyddiau ni mae Ceredigion, Caerfyrddin a rhan o Sir Benfro yn cyfateb yn fras i'r hen Ddeheubarth, felly roedd hon yn ardal fawr a phwysig.

Ar bapur, mae'r cwbl fel rhyw stori dylwyth teg, merch un brenin yn syrthio mewn cariad â brenin arall – ond roedd realiti pethau'n wahanol iawn. Yn un peth, roedd Gruffudd ap Rhys wedi colli ei diroedd i gyd; brenin heb ddim oedd hwn, heb do uwch ei ben hyd yn oed. Hefyd, roedd Brenin Lloegr am ei waed o, am fod arno ofn i Gruffudd ddechrau hawlio ei diroedd yn ôl. I wneud pethau'n waeth, roedd tad Gwenllian, Gruffydd ap Cynan, wedi addo i Frenin Lloegr y byddai'n dal Gruffudd ap Rhys a'i ladd. Na, doedd hi ddim yn argoeli'n dda iawn iddyn nhw.

Ond doedd dim yn tycio; roedd cariad y ddau yma'n gryfach na'r ofnau a'r bygythiadau i gyd, a rhedeg i ffwrdd – wel, hwylio i ffwrdd – o Aberdaron i'r de at ei chariad wnaeth Gwenllian a bu'n rhaid i'r ddau fyw yn wyllt yn y coedwigoedd yn ardal Caeo. Mae'n siŵr eu bod yn byw yno yn debyg iawn i'r hyn y mae chwedl Robin Hood yn Lloegr yn ei ddisgrifio, gyda'r goedwig yn rhoi bwyd a chysgod iddyn nhw ac yn gastell i'w harbed rhag eu gelynion. Fe briododd y ddau heb i deulu Gwenllian fod yn bresennol o gwbl, ac mae'n rhaid bod y berthynas yn un agos iawn gan y byddai'r ddau yn gwneud popeth gyda'i gilydd. Byddai Gwenllian yn rhan o'r fyddin pan âi Gruffudd i ymosod ar eiddo'r Normaniaid oedd wedi meddiannu ei diroedd. Yn raddol, roedd Gruffudd yn ennill mwy a mwy o dir, ac wedi iddo gipio Castell Caerfyrddin fe enillodd Gastell Cydweli hefyd a throi hwnnw'n gartref iddo fo a Gwenllian.

Y drwg oedd ei fod wedi mynd braidd yn *rhy* hyderus, ac fe adawodd o Gwenllian gartref yng Nghydweli cyn mynd ati i ymosod ar Geredigion i gyd. Fe enillodd rai o'r

difficult period for the couple, fearing their own shadows as King Henry I was determined to capture them. It was a period of mistrusting everyone and fearing the worst from day to day.

By 1121 Henry felt more gracious and he suggested that Gruffudd and Gwenllian could live in Carmarthen town. This offer was not made out of the kindness of his heart, of course, but because his people could then keep an eye on the couple. By 1127 they had had more than enough of the constant surveillance and they escaped back to Caeo.

There then followed a fairly calm period, but in 1135 things changed drastically when Henry I died and the Welsh saw their opportunity.

Gruffudd ap Rhys decided that he would venture to Gwynedd to have a word with his father-in-law (the man who had once vowed to kill him, remember) so that they could all raise arms against the Normans. Two of his sons accompanied him – Anarawd, the eldest from his first marriage, and Rhys, his youngest.

Kidwelly Castle was now in the hands of a very vicious Norman, Maurice de Londres, who was determined to claim as much land as he could. He saw his opportunity as Gruffudd had left Gwenllian and their two other sons, Morgan and Maelgwn, in Caeo. By means of a very clever plot he led Gwenllian to believe that he intended to attract a large army from England to attack Caeo. Gwenllian immediately set about planning the best way of defending her lands and people and she decided that attack was the best form of defence. All of Gruffudd ap Rhys's army was very willing to follow her to battle. She divided her army into two, one division to hold up the advancing army from England and the other to launch an attack on Kidwelly Castle itself, under her leadership.

brwydrau ond, yn Aberystwyth, fe chwalwyd ei fyddin yn llwyr. Doedd dim amdani ond ffoi yn ôl i'r coedwigoedd. Bu'r ddau trwy gyfnod anodd iawn wedyn, yn ofni eu cysgod gan fod y Brenin Harri I yn benderfynol o'u dal. Cyfnod o amau pawb ac ofni'r gwaethaf bob dydd oedd hwn.

Erbyn 1121 roedd Harri'n teimlo'n fwy hael o ryw ychydig ac fe gynigiodd iddynt gael byw yn nhref Caerfyrddin. Doedd o ddim yn ddwl, wrth gwrs, oherwydd golygai hyn y byddai modd cadw llygad ar y ddau. Erbyn 1127, fodd bynnag, roedden nhw wedi cael mwy na llond eu boliau o fod mor gaeth, a dyma nhw'n dianc unwaith eto i Gaeo.

Bu eu bywydau'n gymharol dawel am gyfnod wedyn ond, ym 1135, newidiodd pethau'n arw yn Lloegr pan fu'r Brenin farw ac fe welodd y Cymry eu cyfle.

Penderfynodd Gruffudd ap Rhys ei fod am fynd i Wynedd i gael gair gyda'i dad-yng-nghyfraith (y gŵr oedd wedi addo ei ladd, cofiwch!) er mwyn iddyn nhw godi gyda'i gilydd yn erbyn y Normaniaid. Aeth â dau o'i feibion gydag o, Anarawd a Rhys, yr hynaf a'r ieuengaf.

Roedd Castell Cydweli erbyn hyn yn nwylo Norman ffiaidd iawn, Maurice de Londres, oedd yn benderfynol o ennill cymaint o dir ag y gallai. Gwelodd hwnnw ei gyfle pan glywodd fod Gruffudd wedi gadael Gwenllian a'u dau fab arall, Morgan a Maelgwn, yng Nghaeo. Trwy gynllwyn clyfar iawn fe wnaeth i Wenllian gredu ei fod yn bwriadu cael byddin fawr o Loegr i ymosod ar Gaeo. Aeth Gwenllian ati'n syth i feddwl pa ffordd fyddai orau iddi amddiffyn ei phobl a'i thir. Ymosod oedd yr ateb amlwg, a dyna oedd y penderfyniad. Roedd milwyr Gruffudd ap Rhys i gyd yn barod iawn i'w dilyn i'r frwydr, ac felly y bu. Holltodd Gwenllian ei byddin yn ddwy ran, un rhan i atal y fyddin o Loegr a'r llall i ddod gyda hi i ymosod ar

After travelling along the Tywi valley, avoiding towns like Carmarthen that were full of Normans and their followers, the army reached a field near Mynydd y Garreg and decided to wait there until morning. But Gwenllian had played into the hands of Maurice de Londres; the large army from England was already lying in hiding on Mynydd y Garreg, and in the early hours of the morning they flowed down the slopes in a silver cascade of arms.

It was a long and difficult battle, and although the Welsh were unprepared, they fought bravely and viciously. Morgan and Maelgwn fought alongside Gwenllian, but she had to watch Maelgwn die during the battle and then the Normans broke through the ranks and caught her also.

Maurice de Londres showed no sympathy and commanded his soldiers to execute her. Gwenllian was forced to kneel in full view of her son, Morgan, and her bravest soldiers. Before the sword was wielded, it is claimed that she quietly said, *'Cofiwch fi'* (Remember me).

After Gwenllian's death, her husband and her brothers from Gwynedd saw great successes, but within a year both her father and husband were dead and the country in disarray once again. But the kingdom of Deheubarth did return to Gwenllian and Gruffudd ap Rhys's family, their son Rhys became one of Wales's greatest leaders and reclaimed all their lands, a most appropriate way of commemorating his mother.

Very few women in the history of Wales showed as much bravery and determination as Gwenllian, but how many of us can honestly say that we have listened to her last words, 'Remember me'?

Gastell Cydweli. Ar ôl teithio ar hyd Dyffryn Tywi, gan osgoi llefydd fel Caerfyrddin – oedd yn llawn o'r Normaniaid a'u dilynwyr – cyrhaeddodd y fyddin gae ger Mynydd y Garreg a phenderfynu aros yno tan y bore. Ychydig a wyddai Gwenllian ei bod wedi chwarae i ddwylo Maurice de Londres: roedd y fyddin fawr o Loegr eisoes yn cuddio ac yn disgwyl amdanynt ar Fynydd y Garreg. Yn oriau mân y bore fe ddaethant i lawr y llethrau fel rhaeadr loyw o arfau.

Er nad oedden nhw'n barod o gwbl, fe ymladdodd y Cymry yn ddewr a ffyrnig. Ymladdai Morgan a Maelgwn wrth ochr eu mam, ond bu raid i Gwenllian wylio Maelgwn yn cael ei ladd yn ystod y frwydr, ac yna fe ddaeth y Normaniaid trwy'r rhengoedd a'i dal hithau.

Ni ddangosodd Maurice de Londres fawr o gydymdeimlad tuag ati. Gorchmynnodd ei filwyr i'w dienyddio, ac yno, o flaen ei mab, Morgan, a'i milwyr dewraf gorfodwyd Gwenllian i benlinio. Mae'r chwedl yn sôn ei bod wedi dweud yn dawel, cyn i'r cleddyf ddisgyn, 'Cofiwch fi'.

Wedi marwolaeth Gwenllian, daeth llwyddiant mawr i'w brodyr o Wynedd a'i gŵr, Gruffudd ap Rhys, ond ymhen y flwyddyn roedd ei thad a'i gŵr yn farw a'r wlad mewn anhrefn eto. Ond fe ddaeth brenhiniaeth y Deheubarth yn ôl i ddwylo teulu Gwenllian a Gruffudd ap Rhys yn y diwedd, oherwydd fe gododd eu mab, Rhys, yn un o arweinwyr mawr Cymru ac ennill eu tiroedd i gyd yn ôl – ffordd deilwng iawn o gofio ei fam.

Ychydig iawn o ferched yn hanes Cymru a ddangosodd gymaint o ddewrder, penderfyniad a ffyddlondeb â Gwenllian, ond faint ohonom mewn difri all honni ein bod wedi gwrando ar ei geiriau olaf, 'Cofiwch fi'?

Siwan

Siwan

1188(?)–1237
Princess

Very few women can claim that a priory has been consecrated in their memory by their husbands. Siwan is the only one who could do so in Wales, and there is a strange irony in the fact that she gained notoriety for being unfaithful to that very husband.

A play by the renowned Welsh dramatist, Saunders Lewis, has ensured that she is remembered in Wales as Siwan; she was in fact born Joan, daughter of King John, but we are not certain who her mother was! There are two feasible versions of the story, one claiming that her mother was called Clementia and the other that she was Agatha Ferrers, the daughter of Sibyl de Braose, a surname that has a prominent place in her story. Uncertainty surrounds her date of birth also, but it is fairly certain that she had been born before her father's marriage in 1189, and that she was illegitimate.

To understand Siwan's background and character we must learn a little about her family on her father's side, a fairly complex proposition: John, her father, was the youngest of the five sons of Henry II and his wife, Eleanor of Aquitaine. Eleanor was the heiress to her father, Duke William X's substantial estates in France, and she was a lively, clever and fun loving girl. She was brought up in Poitiers, a town full of *joie de vivre* where every troubadour, storyteller and poet was welcomed. But it all came to an end when both her parents died in 1137,

Siwan

1188(?)–1237

Tywysoges

Ychydig iawn o ferched sydd â phriordy wedi ei gysegru er cof amdanynt gan eu gŵr. Siwan yw'r unig un yng Nghymru, mae'n debyg, ac mae rhyw eironi rhyfedd yn hynny o feddwl mai'r prif reswm pam ein bod yn ei chofio yw am ei bod hi wedi bod yn anffyddlon i'r union ŵr hwnnw.

Mae drama Saunders Lewis amdani yn golygu mai fel Siwan yr ydym yn ei hadnabod, ond fel Joan, merch y Brenin John, y ganed hi. Dydyn ni ddim mor siŵr pwy oedd ei mam hi! Mae dwy fersiwn i'r stori, un yn dweud mai Clementia oedd ei mam, a'r llall yn honni mai Agatha Ferrers oedd hi, a honno'n ferch i Sibyl de Braose, cyfenw sydd yn amlwg iawn yn y stori yma. Ychydig iawn o sicrwydd sydd ynghylch ei dyddiad geni hefyd, ond mae'n weddol sicr ei fod cyn i'w thad briodi yn 1189 – ac mae'n hollol bendant mai plentyn siawns oedd hi.

Er mwyn deall cefndir a chymeriad Siwan, mae gofyn gwybod ychydig am ei theulu ar ochr ei thad, er ei bod yn stori braidd yn gymhleth: John, ei thad, oedd yr ieuengaf o bum mab a aned i Harri II a'i wraig Eleanor o Aquitaine. Roedd Eleanor yn etifeddes stad sylweddol iawn ei thad, y Dug William X, ac yn ferch fywiog, ddeallus a llawn hwyl. Cafodd ei magu yn Poitiers, tref llawn cyfeddach lle'r oedd pob trwbadwr, cyfarwydd a bardd yn cael croeso mawr. Ond daeth y cyfan i ben wedi iddi golli ei mam ac yna ei thad ym 1137, a'i gadael yn amddifad.

leaving her an orphan. As she was France's wealthiest heiress, a marriage between her and Louis VII was arranged. He was a serious, quiet and sombre man, so it was not a match made in heaven. Eleanor had to wait until 1152 to gain her freedom when the Pope agreed to her divorce. She was already in love with Henry, who became her husband eight weeks after the divorce was finalised.

By 1154 Henry was King of England but, after the birth of eight children, their relationship became strained. The fact that Henry had affairs openly in court didn't help matters, especially his affair with his son's fiancée! Conveniently for Henry, the people of Aquitaine were becoming restless; he saw his opportunity and sent Eleanor home to Poitiers to keep the peace. Eleanor returned there gladly and the court at Poitiers became a cultural hub once again. Marie, Eleanor's daughter from her first marriage, lived with her at Poitiers. Marie was a noted literary sponsor and she was responsible for the fact that Chrétien de Troyes composed his famous romance about Launcelot and Guinevere. Marie had written 'The Code of Love' which included feminist ideals that were way before their time. Eleanor also sponsored the love courts where men who had difficulty keeping to the Code would come in search of answers from a panel of women.

This was Siwan's background; she was brought up in France with this lively, literary family in a court where love, literature and the rights of women were given a great deal of importance, and this influence remained with her throughout her life, as her story proves.

Although John was the youngest of five sons, he became King of England in 1199 and this changed Siwan's status immediately. She was now Princess Joan,

Gan mai hi oedd etifeddes fwyaf cyfoethog Ffrainc, fe drefnwyd priodas rhyngddi a Louis VII. Dyn bach difrifol, tawel a di-hwyl oedd Louis, ac felly doedd 'na fawr o obaith i'r briodas lwyddo. Bu raid i Eleanor aros hyd 1152 cyn cael ei rhyddid pan wnaeth y Pab ganiatáu iddi gael ysgariad. Erbyn hynny roedd hi mewn cariad â Harri, a ddaeth yn ŵr iddi wyth wythnos ar ôl ei hysgariad.

Erbyn 1154 roedd Harri yn frenin ar Loegr hefyd. Ond wedi geni wyth o blant fe ddechreuodd eu perthynas hwythau chwalu – doedd y ffaith bod Harri yn mocha hefo llu o ferched eraill, gan gynnwys dyweddi ei fab, ddim yn help! Ond yn gyfleus iawn i Harri roedd pobl Aquitaine yn dechrau creu problemau iddo ac fe welodd ei gyfle i anfon Eleanor yn ôl i'w chartref yn Poitiers i roi trefn arnyn nhw. Doedd Eleanor ddim yn anhapus yno o bell ffordd. Daeth y palas yn Poitiers yn ganolfan i ddiwylliant y cyfnod unwaith eto ac aeth Marie, merch Eleanor o'i phriodas gyntaf, i fyw ati. Roedd Marie yn un dda am noddi llenyddiaeth hefyd, a hi oedd yn gyfrifol bod Chretien de Troyes wedi ysgrifennu ei ramant enwog am Lawnslot a Gwenhwyfar. Roedd Marie ei hun wedi ysgrifennu 'Cod cariad', oedd yn cynnwys syniadau ffeministaidd ymhell o flaen eu hoes. Roedd Eleanor wedyn yn noddi llysoedd cariad lle byddai dynion oedd yn cael trafferth hefo'r 'Cod' yn dod i chwilio am ateb gan banel o ferched.

Felly dyna gefndir Siwan; fe gafodd ei magu yn Ffrainc gyda'r teulu bywiog yma, mewn llys lle'r oedd llenyddiaeth, cariad a hawliau'r ferch yn cael sylw mawr, ac fe arhosodd y dylanwad hwnnw hefo hi hyd ddiwedd ei hoes – fel y mae ei hanes yn ei brofi.

Er bod John yr ieuengaf o bump o fechgyn, fe ddaeth yn Frenin ar Loegr ym 1199 ac roedd hynny'n newid statws Siwan yn syth. Roedd hi bellach yn Dywysoges, yn

one of the most desirable women in the eyes of all the ambitious men in Britain. In 1203 she was betrothed to Llywelyn ap Iorwerth, Prince of Aberffraw, and in 1205 they were married. Her family in France must have thought her very unfortunate to be the wife of a minor leader, somewhere beyond the mountains in Wales. But Llywelyn was no ordinary leader and his political ambitions extended far beyond the mountains of Gwynedd. He had gradually regained the lands of his grandfather, Owain Gwynedd, and had strengthened his control over the whole of Gwynedd before turning his attentions to the remainder of Wales.

Llywelyn's main aim was to make his courts at Aberffraw and Abergwyngregyn comparable with any European court, and Siwan fitted in perfectly with these ambitions. She would be responsible for running the courts when Llywelyn and his army were away. She also brought up their children to inherit the strong realm they were creating, and ensured the support of the King of England.

It seems that Siwan accomplished everything asked of her, and keeping the peace between her father and her husband must have taken up a great deal of her time and effort. These were troubled times; Llywelyn was trying to defend his dominance in Wales, and John was all out to prove his dominance in England, France and beyond. When things came to a head, Siwan was the one entrusted with the difficult task of calming the storm.

She accomplished her duty as a good wife by giving Llywelyn a legitimate heir, Dafydd ap Llywelyn. But his inheritance was not clear cut as Llywelyn had an illegitimate son, Gruffudd, by a woman called Tangwystl. According to Welsh laws, Gruffudd had the same rights to his father's inheritance as a legitimate son. However,

un o'r merched yr oedd holl ddynion Prydain yn chwennych ei llaw mewn priodas. Ym 1203 fe addawyd llaw Siwan i neb llai na Llywelyn ap Iorwerth, Tywysog Aberffraw, ac ym 1205 priododd y ddau. Mae'n siŵr bod ei theulu yn Ffrainc yn ystyried ei bod hi wedi bod yn anlwcus iawn yn cael ei hanfon yn wraig i ryw fân arweinydd yn rhywle tu hwnt i'r mynyddoedd yng Nghymru. Ond os mai dyna oedd barn pobl o'r tu allan am Lywelyn ap Iorwerth, nid felly yr oedd o'n gweld pethau. Yn araf deg, roedd wedi adennill tiroedd ei daid, Owain Gwynedd, ac ar ôl gwneud yn siŵr bod ganddo reolaeth dros Wynedd gyfan, fe drodd ei olygon at weddill Cymru.

Roedd Llywelyn yn uchelgeisiol iawn, a'i fwriad oedd troi ei lysoedd yn Aberffraw ac Abergwyngregyn yn llysoedd fyddai'n cymharu ag unrhyw lys yn Ewrop. Gwaith Siwan oedd bod yn wraig deilwng iddo, rhedeg y llys pan fyddai Llywelyn a'i filwyr ar eu teithiau yn ymladd, magu plant i etifeddu'r deyrnas yr oedden nhw wedi ei chreu, a chadw Brenin Lloegr o'u plaid.

Mae'n ymddangos bod Siwan wedi gwneud popeth a ofynnwyd iddi. Yn sicr fe gafodd lawer iawn o waith yn cadw'r heddwch rhwng ei gŵr â'i thad. Roedd yn gyfnod cythryblus gan bod Llywelyn yn ceisio profi mai fo oedd ben yng Nghymru, a John yn gwneud ei orau i brofi'r un fath yn Lloegr, Ffrainc a thu hwnt. Pan âi pethau'n flêr iawn, Siwan oedd yn cael y gwaith anodd o gadw'r heddwch rhwng y ddau.

Llwyddodd i roi etifedd i Lywelyn hefyd, sef Dafydd ap Llywelyn, ond nid oedd ei sefyllfa'n glir iawn. Roedd gan Lywelyn fab arall, plentyn siawns o'r enw Gruffudd, gan Gymraes o'r enw Tangwystl. Yn ôl hen gyfreithiau Cymru, roedd gan fab fel Gruffudd yr un hawliau â mab cyfreithlon i ddilyn ei dad. Ond penderfynodd Llywelyn

Llywelyn decided that Dafydd would be his legal heir, and he insisted that the then King of England, Henry III, Siwan's half-brother, acknowledged his right. To strengthen Dafydd's status he also asked the Pope to recognise Siwan as a legitimate daughter of King John.

Llywelyn used his children as political pawns to secure the support of the influential Norman families in Wales, the de Braose family being one of the most prominent amongst them. They lived in the area around Brecon and three of Llywelyn's children married into this family: Marged married John de Braose, Gwladys Ddu married Reginald de Braose, and Dafydd, the legal heir, married Isabella, daughter of William de Braose.

William de Braose had spent months as a prisoner at Aberffraw following a battle at Kerry in mid Wales, when he had supported King Henry III against Llywelyn. The marriage between Isabella and Dafydd was arranged during his imprisonment, but it seems that William and Siwan had fallen for each other during the discussions. They had been given the opportunity to get to know each other very well and although they were both married, and that William was in search of reconciliation with Siwan's husband, their feelings ruled their heads.

They managed to hide their relationship until one fateful night in 1230, when William visited the court at Abergwyngregyn. During that night Llywelyn's soldiers walked into Siwan's chamber and caught her with William. This may have been acceptable in the court at Poitiers, but it most certainly was not at Aberffraw. It became a well known scandal that these two prominent figures had been caught out in such a public manner. There is a suggestion that someone had made sure they were caught, in the hope of making Llywelyn look a fool. They (whoever they were) probably hoped that Llywelyn

mai Dafydd fyddai'n ei ddilyn ac fe fynnodd gael cydnabyddiaeth Brenin Lloegr, sef Harri III, hanner brawd Siwan, i hynny. Er mwyn cryfhau statws Dafydd wedyn fe fynnodd bod y Pab ei hun yn cydnabod Siwan fel merch gyfreithlon i'r Brenin John.

Er mwyn sicrhau bod y prif deuluoedd yng Nghymru o'i blaid, fe ddefnyddiodd Llywelyn ei blant i greu cysylltiad â rhai o'r prif deuluoedd Normanaidd. Un o'r rhai mwyaf pwerus ar y pryd oedd y teulu de Braose oedd yn byw yng nghyffiniau Aberhonddu a Sir Frycheiniog, ac fe briododd tri o blant Llywelyn ag aelodau o'r teulu hwn – Marged â John de Braose, Gwladys Ddu â Reginald de Braose, ac yn olaf Dafydd, yr etifedd, ag Isabella merch William de Braose (Gwilym Brewys).

Roedd William de Braose wedi treulio cyfnod yn garcharor yn Aberffraw ar ôl brwydr fawr yng Ngheri, yn y canolbarth, pan oedd wedi ochri â'r Brenin Harri III. Yn ystod y cyfnod hwnnw y trefnwyd y byddai Isabella, ei ferch – oedd yn ifanc iawn ar y pryd – yn priodi Dafydd ap Llywelyn. Ond mae'n debyg fod William wedi bod yn gwneud tipyn mwy na thrafod dyfodol eu plant â Siwan. Roedd y ddau wedi cael cyfle i ddod i nabod ei gilydd yn dda iawn, iawn. Er eu bod ill dau yn briod â phobl eraill, un yn wraig i Frenin a'r llall yn Arglwydd amlwg oedd yn chwilio am gymod hefo'r Brenin hwnnw, roedd eu teimladau'n drech na nhw.

Fe lwyddod y ddau i guddio'r berthynas tan y noson dyngedfennol honno yn 1230 pan alwodd William heibio'r llys yn Abergwyngregyn. Yn ystod y noson fe gerddodd milwyr i mewn i siambr Siwan a'u dal hefo'i gilydd. Falle y byddai hynny wedi bod yn dderbyniol yn y llys yn Poitiers, ond nid yn Aberffraw. Roedd hi'n sgandal a hanner bod dau mor amlwg wedi cael eu dal mewn ffordd mor gyhoeddus. Ond mae 'na awgrym bod rhywun

would get rid of William de Braose, which would have ensured that the whole of Wales heard that Siwan had been unfaithful to her husband. Llywelyn would then appear to be a weak man who could not control his wife, never mind his country. But things did not quite work out that way.

Llywelyn's Council decided that there was only one possible response to such shame – they declared that William would hang for treason and Siwan imprisoned for her sins.

In those days, the usual punishment for Lords was execution; hanging William, a punishment usually reserved for peasants, added insult to the shame inflicted on his family. Tradition suggests that he was hung at Crogen, near Corwen, with a rowdy mob of eight hundred people baying for his blood. Siwan was certainly not present; she was in prison where she would remain for at least a year.

It is not Siwan's adultery that makes this story remarkable, but that Llywelyn accepted her back as his wife although she had cheated on him and had made him look a fool before his whole kingdom. But Llywelyn still loved her passionately and insisted that she be released from prison and reinstated as his wife and as a princess.

When Siwan died in 1237 she was buried on Anglesey, at Llanfaes, a site that Llywelyn could see clearly from his court at Abergwyngregyn, and a Priory was erected there in her memory. An extract from *Brut y Tywysogion* (History of the Princes) reveals the whole story:

> The Lady of Wales died, wife of Llywelyn ab Iorwerth and the daughter of the King of England – Joan was her name – at the court at Aber in February; and her body was buried in a sacred garden on the sea shore.

wedi gofalu bod y ddau'n cael eu dal, ac mai bwriad hwnnw – pwy bynnag oedd o, neu nhw – oedd gwneud i Lywelyn edrych fel ffŵl. Mae'n siŵr eu bod nhw wedi gobeithio y byddai Llywelyn yn cael gwared ar William de Braose, gan sicrhau bod pawb yng Nghymru'n dod i wybod fod Siwan wedi bod yn anffyddlon i'w gŵr. Byddai Llywelyn wedyn yn edrych fel dyn gwan na allai reoli ei wraig, heb sôn am ei dywysogaeth. Ond nid felly y bu hi.

Penderfynodd Cyngor Llywelyn nad oedd ond un ateb posibl i'r fath gywilydd, a hynny oedd crogi William am ei frad a thaflu Siwan i garchar am ei phechod hithau.

Cael eu dienyddio y byddai Arglwyddi y dyddiau hynny, ond roedd y ffaith eu bod wedi dewis crogi William, cosb dyn cyffredin, yn ychwanegu at y sen arno fo a'i deulu. Mae'n debyg mai yn y Crogen ger Corwen y cynhaliwyd y seremoni filain, a chynulleidfa swnllyd o wyth gant o bobl wedi hel yno i rythu ar y digwyddiad. Yn sicr, nid oedd Siwan yno – roedd hi wedi ei chau mewn carchar, ac yno y bu hi am flwyddyn o leiaf.

Ond nid y ffaith bod Siwan wedi bod yn anffyddlon sydd yn rhyfeddol ynghylch y stori, ond y ffaith bod Llywelyn wedi ei derbyn yn ôl. Er gwaetha'r ffaith iddi ei dwyllo a gwneud ffŵl ohono o flaen y wlad i gyd, roedd Llywelyn yn dal i'w charu'n angerddol. Mynnodd ei bod yn cael ei rhyddhau o'r carchar ac adennill ei statws fel ei wraig a'i dywysoges.

Pan fu Siwan farw ym 1237, fe'i claddwyd ar Ynys Môn – yn Llanfaes, llecyn yr oedd Llywelyn yn medru ei weld yn glir o'r llys yn Abergwyngregyn – ac fe godwyd Priordy yno er cof amdani. Mae'r darn yn *Brut y Tywysogion* sy'n cofnodi hynny yn dweud y cyfan:

Bu farw Arglwyddes Cymru, gwraig Llywelyn fab Iorwerth a merch i frenin Lloegr – Joan [Siwan] oedd

And there, afterwards, Bishop Hywel consecrated his abbey to the Barefoot Brothers in honour of the Blessed Mary. And the prince built it all at his own cost for the soul of his lady.

If you visit the site today to search for the Priory, there is nothing left of it, but Siwan's gravestone was removed to Beaumaris church and the beauty of the carvings on it bear testimony to a love that was stronger than all the shame and scandal.

ei henw – yn llys Aber mis Chwefror; ac fe gladdwyd ei chorff mewn gardd gysegredig ar lan y traeth. Ac yno wedi hynny yr ymgysegrodd yr Esgob Hywel fynachlog i'r Brodyr Troednoeth er anrhydedd i'r Wynfydedig Fair. A'r tywysog a'i hadeiladodd oll ar ei gost ei hun dros enaid yr arglwyddes.

Os ewch chi yno heddiw i chwilio am y Priordy does dim i'w weld, ond fe symudwyd carreg fedd Siwan i eglwys Biwmares ac mae harddwch y cerfiadau ar honno'n dyst i'r cariad oedd yn gryfach na gwarth a chywilydd.

Gwerfyl Mechain

Gwerfyl Mechain

c. 1460 to c. 1502

Poet

Gwerfyl Mechain was a poet who could compose in the strict Welsh meter known as *cynghanedd*, and she was as accomplished in the craft as any man who lived in the same period. This statement can be made with authority, but because she was a woman venturing into the male dominated world of poetry, it is almost impossible to discover much more about her.

Poetry in Gwerfyl's days was an oral tradition, but the works of the most prominent men were recorded in manuscript at an early stage. In Gwerfyl's case, nothing happened for many centuries, and as her work had been passed along from generation to generation before being recorded, we cannot be absolutely certain which lines belong to Gwerfyl herself.

To add to the confusion, there were at least two Gwerfyls living around the same period. But through the mists of time, an image of Gwerfyl and her life can be conjured. She was the daughter of Hywel Fychan of Llanfechain; she married John ap Llywelyn Fychan and had one daughter, Maud. That's the length and breadth of the biographical facts that have survived.

As for her poetry, she was part of a circle of poets who competed against each other: famous bards such as Dafydd Llwyd of Mathafarn, Llywelyn ap Gutun and Ieuan Dyfi. Dafydd Llwyd of Mathafarn was her teacher. Some sources suggest that he was also her lover, but that

Gwerfyl Mechain

c. 1460 hyd c. 1502
Bardd

Roedd Gwerfyl Mechain yn fardd oedd yn medru cynganeddu cystal ag unrhyw ddyn yn ei chyfnod. Ryden ni'n weddol saff o hynny. Ond am ei bod hi'n ferch, ac yn mentro i fyd lle roedd y dynion yn teyrnasu, mae bron yn amhosib dod o hyd i lawer o ddim arall amdani.

Traddodiad llafar oedd barddoniaeth yng nghyfnod Gwerfyl, ond fe ysgrifennwyd gwaith y dynion amlwg yn gymharol fuan ar ôl hynny. Yn achos Gwerfyl, ddigwyddodd dim am ganrifoedd lawer – ac am fod ei gwaith wedi cael ei adrodd a'i ailadrodd gannoedd o weithiau cyn cael ei sgwennu ar bapur, allwn ni fyth fod yn siŵr pa rannau yn union o'r cerddi sy'n perthyn iddi.

Doedd o ddim help bod 'na fwy nag un Gwerfyl ag enwau tebyg ganddyn nhw. Ond er gwaethaf y dryswch a'r niwl mae 'na rhyw fath o ddarlun o Gwerfyl yn dod i'r golwg. Roedd hi'n ferch i Hywel Fychan o Lanfechain, ac fe briododd John ap Llywelyn Fychan; ganed iddynt un ferch, Mawd. Dyna hyd a lled y ffeithiau bywgraffyddol sydd ar gael amdani.

O ran ei barddoniaeth roedd hi'n perthyn i gylch o feirdd oedd yn ymryson yn erbyn ei gilydd, beirdd amlwg y cyfnod fel Dafydd Llwyd o Fathafarn, Llywelyn ap Gutun a Ieuan Dyfi. Dafydd Llwyd o Fathafarn oedd ei hathro barddol; yn ôl y sôn roedd o'n gariad iddi hefyd, ond fe all hynny fod ar sail yr englynion a luniodd y ddau,

presumption could have been based on the *englynion* that they both composed to each other, discussing each other's sexual organs rather explicitly.

Gwerfyl was accomplished at discussing sexual matters; one of her most famous poems was her *cywydd* in *cynghanedd* named 'Cywydd y Gont' (it sounds much worse in English!), where she criticises men for praising every aspect of a woman except the most important part:

> Gado'r canol heb foliant
> A'r plas lle'r enillir plant.
> [Leaving the centre without praise,
> The palace where children are gained.]

And she goes on to praise that particular part in great detail.

As this poem proves, not only was Gwerfyl a woman who happened to be a poet, but she also used her poetry to give voice to women's concerns. In another *cywydd*, 'I ateb Ieuan Dyfi am gywydd Anni Goch' (In reply to Ieuan Dyfi for his *cywydd* to Anni Goch) – she sets about attacking Ieuan for daring to criticise women in general because Anni Goch had hurt him. Gwerfyl takes the part of women, praising various females from different periods in history, and then, as the final devastating blow, she adds that whatever women have done to man, not one of them could ever rape a man.

Gwerfyl also discusses an issue that was hardly mentioned at the time: her *englyn* 'I'w gŵr am ei churo' (To her husband for beating her) focuses on domestic violence at a time when women's lack of status meant that the problem was never discussed. The man in question could have been her own husband, or the husband of one of her acquaintances, but the fact that she discusses it at

sydd yn sôn yn ddiflewyn-ar-dafod am organau rhywiol ei gilydd.

Roedd Gwerfyl yn medru sôn am bethau felly yn dda iawn; un o'i chywyddau enwocaf yw 'Cywydd y Gont', lle mae'n rhoi pregeth iawn i'r dynion o feirdd sy'n canmol popeth am ferch heblaw un rhan bwysig:

> Gado'r canol heb foliant
> A'r plas lle'r enillir plant.

Ac mae'n mynd yn ei blaen i foliannu'r rhan arbennig honno. Rydw i wedi penderfynu cynnwys ychydig ohono, ond neidiwch i'r paragraff nesaf os ydych o natur sensitif.

> Sêm fach len ar gont wen wiw,
> Lleiniau mewn man ymannerch,
> Y llwyn sur, llawn yw o serch,
> Fforest falch iawn, ddawn ddifreg,
> Ffris ffraill, ffwrwr dwygaill deg [ac yn y blaen]

Fel mae'r cywydd uchod yn profi, roedd Gwerfyl nid yn unig yn ferch oedd yn digwydd bod yn barddoni, ond roedd hi hefyd yn defnyddio'i barddoniaeth i bledio achos y ferch. Mewn cywydd arall o'i gwaith, 'I ateb Ieuan Dyfi am gywydd Anni Goch,' mae'n mynd ati i lambastio Ieuan Dyfi am fentro lladd ar ferched yn gyffredinol am bod Anni Goch wedi ei frifo. Achub cam y merched y mae Gwerfyl gan eu canmol ar hyd y canrifoedd ac yna, i lorio'i gwrthwynebydd yn llwyr, mae'n ychwanegu'r ddyrnod olaf trwy ddweud – pa bynnag gam a wnaeth unrhyw ferch ag unrhyw ddyn, ni allodd yr un erioed 'dreisio gŵr'.

Mae gan Gwerfyl hefyd rywbeth sy'n brin iawn iawn yn ei chyfnod, sef englyn 'I'w gŵr am ei churo'. Does wybod pwy oedd y gŵr erbyn hyn – mi allai fod yn ŵr i rywun o gydnabod Gwerfyl – ond mae'n syndod i ni ddod ar draws

all shows she was not afraid of writing about subjects that were usually brushed under the carpet.

Gwerfyl not only wrote of women and their relationships with men but also composed poems that conform to the male tradition. She wrote about *'Dioddefaint Crist'* (The Passion of Christ) and *'Angau a Barn'* (Death and Judgement), and she could compete well with the male poets of her time.

We tend to remember Gwerfyl Mechain for daring to be as shameless as the men in her poems, but we should remember her for daring to take pride in her sex and for fighting their corner in a period when women and their concerns were ignored.

englyn o gyfnod mor gynnar sy'n trafod testun a gaiff ei sgubo dan y carped hyd heddiw.

Nid canu i ferched ac i berthynas merched a dynion yn unig a wnaeth Gwerfyl. Mae ganddi gywyddau sy'n ffitio'r traddodiad gwrywaidd hefyd, cerddi am 'Ddioddefaint Crist' ac 'Angau a Barn', ac mae'n cystadlu'n deilwng iawn â'r dynion yn ei gwaith.

Y duedd yw cofio am Gwerfyl Mechain am fentro bod yr un mor fasweddus â'r dynion yn ei cherddi, ond fe ddylem ei chofio am fentro ymfalchïo yn ei rhyw a phledio achos y ferch mewn cyfnod pan nad oedd llais y ferch i'w glywed yn unman arall.

Catrin o Ferain

Catrin o Ferain

1534/5–1591

Gentlewoman

Would you like to be remembered as the 'Mother of Wales'? That was the title given to Catrin o Ferain after her death. It could be considered to be an insult, with bawdy connotations, but in her case there was some justification for the title. The truth was that most of the gentry of north Wales could refer to Catrin as their matriarch, or at least an ancestor of a member of their family. Considering that only six of Catrin's children actually survived, it is strange to think that this could be true, and it does raise some significant questions regarding the health of our bloodlines in Wales!

Catrin was a person of status in her time for many reasons, the main one for her peers being her direct descent from King Henry VII. Catrin's grandfather, Rowland de Velville, was one of the King's illegitimate sons and when Henry gained the crown on Bosworth Field he was given his family's Welsh inheritance on Anglesey. Catrin was Rowland de Velville's only grand-daughter and therefore would inherit the whole estate. She was the Paris Hilton of her day.

Her inheritance was the main reason why the sons of all the landowning families of north Wales were fighting for her hand in marriage but, according to the poets of the time, she was quite pleasant to look at as well, which must have been a pleasing added bonus.

This was a new and exciting period – for people who

Catrin o Ferain

1534/5–1591

Boneddiges

Fyddech chi'n hoffi cael eich galw'n 'Fam Cymru'? Dyna'r teitl roddwyd i Gatrin o Ferain wedi ei marwolaeth. Fe allai fod yn deitl reit ddilornus, mae'n debyg, ond yn ei hachos hi roedd 'na rywfaint o gyfiawnhad. Y ffaith amdani oedd bod y rhan fwyaf o foneddigion gogledd Cymru yn medru dweud bod Catrin yn hen nain iddyn nhw, neu o leiaf yn hen nain i rywun yn eu teulu. O feddwl mai dim ond chwech o blant gafodd hi, mae'n rhyfedd meddwl fod y fath beth yn wir, ac mae'n codi cwestiynau mawr am ba mor iach yw'n gwaed ni fel Cymry hefyd, mae'n siŵr!

Roedd Catrin yn ferch reit arbennig yn ei chyfnod, a hynny am lawer iawn o resymau. Yn un peth, roedd hi'n ddisgynnydd uniongyrchol i'r Brenin Harri VII. Roedd taid Catrin, Rowland de Velville, yn fab anghyfreithlon i'r brenin, a phan lwyddodd Harri i ennill coron Lloegr iddo'i hun fe roddodd hen diroedd ei deulu ar Ynys Môn i'w fab. Catrin oedd unig wyres hwnnw, ac felly hi fyddai'n etifeddu'r cwbl. Hi, felly, oedd Paris Hilton ei dydd.

Dyna un rheswm da pam bod meibion prif deuluoedd gogledd Cymru i gyd yn paffio am yr hawl i briodi Catrin. Yn ôl y beirdd roedd hi'n dipyn o bishyn hefyd; fe ddisgrifiodd William Cynwal hi fel 'eigr goeth gain' a 'hael linos lân' ac roedd hynny'n fonws ychwanegol, mae'n siŵr.

Roedd hwn yn gyfnod newydd a chyffrous iawn yn

belonged to the same class as Catrin, at least. A Welshman had recently ascended to the throne of England and his son, Henry VIII, was in the process of preparing the Acts of Union. There was a variety of important posts available for anyone who happened to be in the right place at the right time, both in Wales and over the border in England. Family ties and connections were all-important, and the link with the royal family that Catrin offered had an obvious appeal for ambitious families.

Catrin was born around 1534 at Berain, near the village of Llannefydd in Denbighshire. By the time she was ten years old her family had made a formal agreement that she would marry John Salesbury, the son of Llewenni, a large and ambitious estate nearby. John was the son of Sir John Salesbury, 'Syr Siôn y Bodiau' (Sir John of the Thumbs), as he was nicknamed. According to local lore, his wife Siân (Jane) was a battleaxe, who was more than ready to insist on her children's rights at all times – sometimes at great cost to everyone else. Although the marriage agreement was formed when Catrin was only 10 years old, it seems that she was 22 before she actually married John.

It would be reasonable to assume that that would be it; the pattern of her life had been set as the wife of a prominent gentleman in the area, and she would therefore spend the remainder of her life at home, bringing up his children. But fate would lead Catrin on another path. Two sons were born to her at Llewenni, Thomas and John Salesbury, but in 1566, about nine years after her marriage, John died leaving her a widow at the mercy of her mother-in-law, the battleaxe Siân Salesbury.

You can imagine the excitement amongst north Wales's

hanes Cymru – i'r bobl oedd yn perthyn i'r un dosbarth â Chatrin, o leiaf. Roedd Cymro, Harri VII, newydd gyrraedd gorsedd Lloegr, ac roedd y ddeddf i uno Cymru a Lloegr yn cael ei pharatoi gyda phob math o gyfleoedd i Gymry gael swyddi pwysig yng Nghymru ei hun a thros Glawdd Offa. Roedd cysylltiadau teuluol yn bwysig iawn i gael y swyddi gorau, ac roedd cysylltiadau brenhinol Catrin yn apelio'n fawr.

Yn y Berain, ger Llannefydd, Sir Ddinbych, y ganed Catrin a hynny tua 1534. Ond erbyn iddi gael ei phen-blwydd yn ddeg oed roedd ei theulu wedi gwneud cytundeb ffurfiol y byddai'n priodi mab stad fawr ac uchelgeisiol Llewenni, sef John Salsbri. Roedd John yn fab i Syr John Salsbri, Syr Siôn y Bodiau fel y câi ei alw, am ei fod mor gryf. Yn ôl pob sôn roedd ei wraig, Siân, yn dipyn o ddraig, ac yn hynod barod i fynnu eu hawliau i'w phlant a'i theulu ar draul pawb arall. Er i'r cytundeb priodas gael ei wneud pan oedd Catrin yn ddeg oed, mae'n debyg ei bod hi'n ddwy ar hugain oed cyn priodi John.

Gallai rhywun feddwl mai dyna fyddai patrwm ei bywyd – wedi ei sefydlu fel gwraig i ŵr bonheddig amlwg yn ei ardal – ac mai yno, yn magu ei blant a gofalu am ei theulu, y byddai hithau. Ond doedd bywyd Catrin ddim am ddilyn y patrymau arferol o bell ffordd. Fe gafodd ddau fab yn Llewenni – Thomas a John Salsbri – ond ym 1566, rhyw naw mlynedd ar ôl iddi briodi, bu farw John a'i gadael ar drugaredd ei fam, y ddreiges Siân Salsbri.

Gallwch ddychmygu'r cyffro ymhlith teuluoedd uchelgeisiol y gogledd o glywed bod Catrin yn wraig weddw eto – dyma eu cyfle hwythau i gael cysylltiad â'r teulu brenhinol. Does dim rhyfedd, felly, bod straeon lu am Catrin wedi datblygu dros y canrifoedd. Yn ôl un stori, fe ofynnodd Morus Wynn o Wydir i Catrin ei briodi fel yr

up and coming families when they heard the news that Catrin was available once again – here was their chance to secure those useful royal family connections. It is not surprising that stories abound about Catrin's suitors. According to one tale, Morus Wynn of Gwydir asked Catrin to marry him as she returned from her husband's funeral (which could be considered rather insensitive in itself), but she replied, 'Very sorry, you're too late,' as she had agreed to marry Richard Clough on her way to the funeral! We can't prove the truth or falsehood of this story, of course, but Catrin did marry Richard Clough the following year (1567).

Richard Clough was not of the same mould as John Salesbury. He was the son of a simple glove-maker from Denbigh, but had grasped the many opportunities offered by the Tudor period. He had specialised in the wool trade that had taken him to Antwerp, the hub of the business world at the time, and had made his fortune there. It was common knowledge at the time that he and Thomas Gresham, his master, were the wealthiest men in the country and were involved in all sorts of ventures on the continent.

Catrin travelled the continent with Richard, spending time at Antwerp, Spain and Hamburg. This was during a period when most Welsh women had travelled no further than their nearest town. But in Hamburg, in 1570, the journey came to an end as Richard died there, leaving her a widow once again, but with four children: two sons from her first marriage and two daughters from her second.

You will remember that Catrin told Morus Wynn that he was too late with his first proposal, but this time around he managed to persuade her to take his hand in marriage and he became her third husband. She also

oedd yn mynd am adre o angladd ei gŵr – gweithred braidd yn ansensitif ynddi'i hun – a'i bod hithau wedi ateb: ''Ddrwg iawn gen i, ond ti'n rhy hwyr,' am ei bod wedi cytuno i briodi Richard Clwch ar y ffordd i'r angladd! Allwn ni ddim profi hyn un ffordd na'r llall erbyn hyn, wrth gwrs, ond mae hi'n stori dda, ac mi briododd Catrin a Richard Clwch y flwyddyn ganlynol (1567).

Doedd Richard Clwch ddim yn ffitio i'r un patrwm â John Salsbri. Mab i wneuthurwr menig digon di-sylw o Ddinbych oedd o, ond roedd hwn wedi manteisio'n llawn ar y cyfleoedd newydd a gynigid yn y cyfnod Tuduraidd. Roedd o wedi arbenigo yn y fasnach wlân a hynny wedi mynd ag o i Antwerp, i ganol byd busnes y cyfnod, ac roedd wedi gwneud ei ffortiwn. Roedd sibrydion yn rhemp mai fo a Thomas Gresham, ei feistr, oedd y ddau ŵr cyfoethocaf yn y wlad ar y pryd, â'u bysedd ym mhob math o frwes ar y Cyfandir.

Aeth Catrin hefo Richard i deithio'r Cyfandir gan dreulio amser yn Antwerp, Sbaen a Hamburg. Roedd hynny mewn cyfnod pan nad oedd y rhan fwyaf o ferched Cymru'n cael mynd yn ddim pellach na'r dref agosaf. Ond yn Hamburg ym 1570 daeth diwedd ar y teithio gan i Richard farw, a'i gadael yn wraig weddw unwaith eto. Roedd ganddi bedwar o blant mân erbyn hyn – ei dau fab gan John Salsbri a dwy ferch gan Richard Clwch.

O droi'n ôl at y chwedl, mi gofiwch iddi ddweud wrth Morus Wynn ei fod yn rhy hwyr yn gofyn iddi ei briodi y tro hwnnw, ond mi gafodd yntau ei gyfle yn y diwedd gan mai Morus ddaeth yn drydydd ŵr iddi a hithau'n drydedd wraig iddo yntau. Doedd gwŷr na gwragedd priod ddim yn byw'n hir iawn bryd hynny! Er nad oes sicrwydd pryd yn union y bu'r briodas, roeddynt yn bendant yn briod erbyn Ionawr 1573.

happened to be his third wife! Husbands and wives did not seem to survive for very long at that time.

It seems that Morus Wynn was rather a wet blanket and his new wife had complete control over him. To make matters worse, her first mother-in-law, Siân Salesbury, was also on the scene. In her efforts to protect the interests of Thomas Salesbury, heir of Llewenni, she also imposed her might on poor Morus Wynn. This was one grandmother that it would have been wiser to keep very sweet! She busied herself persuading Catrin and Morus Wynn that it would be profitable to all concerned if Morus's daughter from his first marriage were to marry Catrin's son, Thomas, and the agreement was made although the children were still very young. The Wynn family were very similar to the Salesburys with regard to their ambition and the means they had used to gain power and also, whilst the Salesburys were Members of Parliament for Denbighshire, the Wynns held the same post in Caernarfonshire.

By 1580 Catrin was a widow yet again although still only about 36 years old. She was a widow for three years this time before marrying Edward Thelwall, Plas y Ward. The Thelwalls were another prominent family in the Vale of Clwyd at the time.

But, in 1586, Catrin entered a very uncertain and precarious period. Her son, Thomas, had indeed married the daughter of Morus Wynn, and during that year their daughter, Margaret, was born. Thomas was opposed to the new religion introduced by Henry VIII and followed by Elizabeth I. He still adhered to the Catholic faith and wanted to see Mary Queen of Scots on the throne, and the return of Catholicism. It seems that Thomas was rather a hothead and his involvement in a plot to overthrow Elizabeth became apparent. He was therefore

Yn ôl y sôn, dipyn o frechdan oedd Morus Wynn, a'i wraig newydd yn feistr corn arno – heb sôn am y fam-yng-nghyfraith gyntaf honno, yr hen Siân Salsbri. Oedd, roedd hithau'n dal yn y darlun am ei bod am wneud yn siŵr na fyddai ei hŵyr, Thomas Salsbri, etifedd Llewenni, yn cael cam – a doedd hon ddim yn nain i'w chroesi! Bu wrthi'n ddyfal yn ceisio darbwyllo Catrin a Morus Wynn y byddai'n beth proffidiol i bawb pe byddai merch Morus o'i briodas gyntaf yn priodi Thomas, mab Catrin (ac ŵyr Siân, wrth gwrs), ac fe wnaed y cytundeb er nad oedd y plant ond yn ifanc iawn ar y pryd. Roedd teulu'r Wynniaid yn debyg iawn i deulu'r Salsbriaid o ran eu huchelgais a'r ffordd yr oedden nhw wedi ennill grym iddyn nhw'u hunain. Tra oedd y Salsbriaid yn Aelodau Seneddol dros Sir Ddinbych, roedd y Wynniaid yn dal yr un swydd yng Nghaernarfon.

Erbyn 1580 roedd Catrin yn wraig weddw eto fyth a hithau ond tua 36 oed. Bu'n weddw am dair blynedd cyn priodi Edward Thelwall, Plas y Ward, aelod o deulu pwysig arall yn Nyffryn Clwyd yn y cyfnod.

Ond ym 1586 daeth yn ddyddiau tywyll iawn ar Catrin a'i theulu. Roedd ei mab, Thomas, wedi priodi merch Morus Wynn erbyn hyn ac yn y flwyddyn honno ganed merch iddyn nhw, Margaret, ond doedd Thomas ddim wedi derbyn y grefydd newydd a ddaeth yn sgil y Frenhines Elisabeth I. Roedd o'n dal i lynu at yr hen ffydd ac am weld Mari o'r Alban yn frenhines er mwyn i'r wlad i gyd fedru dilyn y ffydd Babyddol. Un braidd yn benboeth oedd Thomas, mae'n debyg, a chyn hir fe ddaeth yn amlwg ei fod yn rhan o gynllwyn i ddiorseddu'r frenhines. Roedd felly, wrth gwrs, yn euog o deyrn-frawdwriaeth ac nid oedd perthynas ei fam â'r Tuduriaid o ddim help iddo. Fel pob bradwr arall, cafodd ei ddienyddio.

guilty of high treason and his mother's family links with the Tudors were of no use to him. In the same way as any other traitor, he was executed.

Catrin's position was very precarious now as the crown usually claimed the estates of every traitor and a commission came to Wales to look at the situation. But, miraculously, the Llewenni family and Catrin managed to keep the estate in their hands.

All the traumas of her life, and especially the loss of her son, must have taken their toll on Catrin. She died on 27 August 1591 and was buried at Llannefydd, close to Berain.

Those are the facts, but many myths have arisen around Catrin and her husbands over the years. According to one of the most vicious, she murdered them by pouring lead into their ears. It was also said that Richard Clough locked himself in a room to talk to the devil and that Catrin had seen them both chatting away. Catrin's fame and wealth must have attracted jealousy and that, in its turn, hatched the vicious tales. She was, after all, the Liz Taylor of her time.

Roedd Catrin mewn sefyllfa anodd iawn rŵan. Fel arfer, mae'r goron yn hawlio tiroedd pob bradwr iddi ei hun ac fe ddaeth comisiwn i Gymru i edrych i mewn i'r sefyllfa. Ond rywsut neu'i gilydd fe lwyddodd teulu Llewenni, a Catrin, i gadw'r stad yn eu dwylo eu hunain.

Mae'n rhaid bod yr argyfwng hwnnw – ynghyd â cholli cymaint o wŷr – wedi cael effaith ar Catrin druan, a chymharol fyr fu ei hoes. Fe fu farw ar 27 Awst 1591 a'i chladdu yn Llannefydd, ger y Berain.

Dyna'r ffeithiau moel amdani, ond mae 'na lawer o chwedlau wedi codi amdani hi a'i gwŷr ar hyd y blynyddoedd. Un stori faleisus oedd ei bod yn lladd ei gwŷr trwy dywallt plwm i'w clustiau. Roedd stori hefyd bod Richard Clwch yn ei gau ei hun mewn ystafell i siarad hefo'r diafol a bod Catrin wedi gweld y ddau yn cael sgwrs cyn i'r diafol gipio Richard yn ei freichiau. Mae'n debyg fod pobl yn barod iawn i ladd ar Catrin a'i gwŷr oherwydd eu bod yn bobl amlwg a llwyddiannus. Wedi'r cyfan, mae'n siŵr mai hi oedd Liz Taylor ei chyfnod.

Marged ferch Ifan

Marged ferch Ifan

1696–1788 (or 1801)
Harpist, Innkeeper, Rower, Wrestler
and a host of other feats

Very few Welsh women are famous for wrestling, but those famous for both wrestling and playing the harp are even more rare. Marged ferch Ifan could do both and she also had many other skills.

Her history is a mixture of fact and fiction: one fact we are sure of is that she was born in 1696, and it seems that she was born in Dyffryn Nantlle, possibly at Talmignedd Ucha farm, though neither fact is certain. The area around Drws y Coed in Dyffryn Nantlle was a hive of activity at the time, because of all the copper mines. Working all day in the mines must have been thirsty work, so the miners flocked to Telyrniau, the pub run by Marged ferch Ifan. The descriptions that survive of her suggest that she was big enough to instil the fear of God into any man. She was over six feet tall, her hair black as the night and her hands like two large spades. She would have no trouble keeping customers under control as she was stronger than most of them.

She would also entertain them by playing the harp. This in itself may not be particularly unusual, but when you consider that she had actually built the harp herself and composed many of the airs she played, it becomes obvious that she was quite different to the majority of women of her time.

Marged was not only an innkeeper, she was a skilful

Marged ferch Ifan

1696–1788 (neu 1801)
Telynores, Tafarnwraig, Rhwyfwraig, Reslar
a llu o gampau eraill

Ychydig iawn o ferched Cymru sydd yn enwog am reslo, ond mae llai fyth ohonyn nhw'n enwog am reslo a chwarae'r delyn. Dyna oedd campau Marged ferch Ifan, ac nid yr unig rai o bell ffordd.

Mae ei hanes yn gymysgedd o ffeithiau a chwedlau: un peth sy'n sicr, cafodd ei geni yn 1696, ac mae'n debyg mai un o Ddyffryn Nantlle oedd hi, merch fferm Talmignedd Ucha o bosib. Roedd ardal Drws y Coed yn Nyffryn Nantlle yn ardal brysur iawn ar y pryd oherwydd yr holl weithfeydd copr oedd yno. Mae'n debyg bod cloddio am gopr dan ddaear trwy'r dydd yn waith sychedig, felly byddai'r dynion yn heidio am Dafarn y Telyrniau, tafarn Marged ferch Ifan. Yn ôl y disgrifiadau ohoni, roedd hi'n ddigon mawr i godi ofn ar unrhyw ddyn. Roedd hi ymhell dros ei chwe throedfedd, ei gwallt yn ddu fel y nos a'i dwylo fel dwy raw fawr, a fyddai hi'n cael dim trafferth yn cadw trefn ar yr holl fwynwyr gan ei bod yn gryfach na'r rhan fwyaf ohonyn nhw.

Byddai hefyd yn diddanu'r cwsmeriaid trwy chwarae ei thelyn. Falle nad ydi hynny ynddo'i hun yn beth rhyfeddol, ond pan feddyliwch chi mai hi oedd wedi adeiladu'r delyn ei hun, a chyfansoddi'r alawon hefyd, mae'n amlwg ei bod hi'n wahanol i'r rhan fwyaf o ferched ei chyfnod.

Nid cadw tafarn oedd unig waith Marged; roedd hi'n

cobbler and blacksmith, not forgetting her work as a carpenter, making harps and a few violins. She was renowned also for her ability as a huntswoman – so renowned in fact that the travel writer, Thomas Pennant, claimed that she was the 'best hunter of her period'. He claimed that she owned at least a dozen hunting dogs of all kinds.

She was very fond of her dogs. According to one legend, one of her terriers strayed to the home of a miner and devoured a large joint of meat that he had left on the table. This was not just any miner, but an especially strong and determined one. When he realised what had become of his supper he became wild with rage and killed the dog, throwing its limp body into the river. When Marged heard of this she went to his home in a rage. She offered to pay him four times the value of the meat if he paid her the value of the dog. He dismissed her offer out of hand and made the unfortunate mistake of threatening Marged herself. That was the excuse she was looking for and the miner was knocked out by the best left-hook he ever saw – or didn't see, as the case may be! Marged searched his pockets and found enough money to buy another dog.

There is some doubt regarding the name of Marged's husband. Some claim that he was called Richard Morris, whilst others state that he was called William Richards. Whatever his name, he was not the type of man you would expect as the husband of a woman like Marged, being small and rather weak looking. She only ever beat him twice, once before they were married and the other for drinking; the last one was such a heavy beating that he turned to the Methodists and became one of their most prominent members.

The glory days of the Drws y Coed copper mines came

grydd ac yn of medrus, heb sôn am ei gwaith fel saer yn llunio telynau ac ambell ffidil. Roedd hi hefyd yn enwog iawn am ei gallu i hela – mor enwog fel yr honnodd yr awdur llyfrau taith, Thomas Pennant, mai hi oedd yr 'orau am hela yn ei chyfnod'. Dywedodd fod ganddi o leiaf ddwsin o gŵn hela o bob math.

Roedd ganddi feddwl mawr o'i chŵn, ac yn ôl un chwedl, roedd un o'i daeargwn wedi crwydro i dŷ un o'r mwynwyr a bwyta darn mawr o gig oddi ar y bwrdd. Nid unrhyw fwynwr oedd hwn chwaith, ond un arbennig o gryf a phenderfynol. Pan welodd beth oedd wedi digwydd i'w swper, fe wylltiodd yn gacwn, lladd y ci yn y fan a'r lle a thaflu'r corff i'r afon. Pan glywodd Marged yr hanes aeth hithau'n wyllt gynddeiriog ac i ffwrdd â hi i dŷ'r mwynwr a'i gwynt yn ei dwrn. Cynigiodd dalu am bedair gwaith gwerth y cig iddo, cyn belled â'i fod yntau'n talu gwerth y ci iddi hithau. Chafodd ei chynnig fawr o groeso ac fe wnaeth y mwynwr y camgymeriad o'i bygwth. Dyna'r union esgus yr oedd hi'n chwilio amdano ac mi gafodd y mwynwr y ddyrnod orau a gafodd erioed nes ei fod yn ei hyd ar lawr y tŷ. Aeth Marged i'w boced wedyn a chymryd digon o bres ohoni i brynu ci arall.

Mae peth amheuaeth beth oedd enw gŵr Marged. Dywed rhai mai Richard Morris oedd ei enw tra bod eraill yn dweud mai William Richards oedd o. Beth bynnag oedd enw'r creadur, roedd o'n llipryn bach eiddil a'r un olaf fyddai rhywun yn ei ddychmygu'n ŵr i ddynes fel Marged. Dim ond dwy gweir gafodd o ganddi erioed, un cyn iddyn nhw briodi a'r llall am yfed – ac roedd yr olaf yn gymaint o gweir fel ei fod wedi troi at y Methodistiaid a dod yn un o'u haelodau mwyaf blaenllaw.

Daeth oes aur gweithfeydd copr Drws y Coed i ben yn ystod oes Marged a bu'n rhaid iddi hi a'i gŵr godi pac i chwilio am fywoliaeth. Denwyd y ddau i Nant Peris, gan

to an end during Marged's lifetime and she had to move to search for work. She eventually arrived at Nant Peris, where the copper industry was still flourishing, and settled with her husband at Pen Llyn, Llanberis, near Cwm y Glo. Marged was then responsible for ferrying the copper across Llyn Peris and Llyn Padarn in a rowing boat. As she was such an accomplished carpenter, she had built the boat herself, of course.

She would on occasion allow passengers to travel in her boat, and when one Mr Smith dared to try it on with Marged, she showed him the gravity of his mistake in no uncertain terms. Before he knew what was happening he found himself in the lake pleading with her to save his life, but he had to promise her a guinea before she picked him up and carried him ashore.

Rowing a boat full of copper across a lake all day long was strenuous work and, as an indication of the respect shown towards her, Marged became known as 'The Queen of the Lakes'. The long days' rowing ensured that she kept her strength up in readiness for any wrestling bouts that came her way. Thomas Pennant claimed that she was still wrestling in her seventies, and could still beat the young men of the parish.

One legend says that she built the bridge at Pont Meibion, Nant Peris, which is formed out of one huge piece of slate. Marged held up one end of the slate and a gang of young men held up the other. Another legend states that she was buried under the altar stone of Nant Peris church.

We can state categorically that Marged lived to a grand old age. Thomas Pennant recorded that she was still alive in 1786, when she was at least 90 years old. Some claim that she died in 1788 at the age of 92, others claim that

fod y diwydiant copr yn dal yn ddigon llewyrchus yno, a chartrefu ym Mhen Llyn, Llanberis, ger Cwm y Glo. Gwaith Marged wedyn oedd cludo copr ar hyd Llyn Peris a Llyn Padarn mewn cwch rhwyfo. Gan ei bod hi cystal saer, hi oedd wedi adeiladu'r cwch hefyd, wrth gwrs.

Byddai'n mynd â theithwyr hefo hi yn y cwch weithiau, ac un tro fe fentrodd rhyw Mr Smith fynd i'r afael â hi. Camgymeriad mawr! Fuo hi fawr o dro yn ei daflu i'r llyn a bu'n rhaid iddo bledio'n daer iawn am drugaredd a hyd yn oed addo hanner gini iddi hi cyn i Marged ei godi'n ôl i'r cwch a'i gludo i'r lan.

Nid gwaith hawdd oedd rhwyfo cwch yn llawn o gopr ar draws y llynnoedd drwy'r dydd, bob dydd. Fel arwydd o'r parch tuag ati daeth Marged i gael ei galw'n 'Frenhines y Llynnoedd'. Mae'n debyg bod ganddi ferch arall yn ei chynorthwyo a bod honno'n debyg iawn iddi o ran maint a chryfder. Mae'n siŵr mai dyna sut y cadwodd Marged ei nerth oherwydd, yn ôl Thomas Pennant eto, roedd hi'n dal i reslo hyd ei saithdegau, ac yn dal i guro pawb o'r bechgyn ifanc yn y plwy.

Yn ôl un stori amdani, hi luniodd Pont Meibion yn Nant Peris – sydd yn un darn anferth o lechen – ac wrth osod y llechen yn ei lle, Marged oedd yn dal un pen tra bod criw o ddynion ifanc yn dal y pen arall. Dywed chwedl hefyd iddi gael ei chladdu dan yr allor yn eglwys Nant Peris. Mae'r hen benillion canlynol yn rhoi rhyw syniad o'r darlun oedd ohoni yn ei chyfnod:

> Mae gan Marged fwyn ach Ifan
> Glocsen fawr a chlocsen fechan,
> Un i gicio'r cŵn o'r gornel
> A'r llall i gicio'r gŵr i gythrel.

she lived until 1801 and was 105 years old when she died. Knowing Marged, that would be no great surprise.

Mae gan Marged fwyn ach Ifan
Grafanc fawr a chrafanc fechan,
Un i dynnu'r cŵn o'r gongl
A'r llall i dorri esgyrn pobol.

Mae gan Marged fwyn ach Ifan
Delyn fawr a thelyn fechan;
Un i ganu yng Nghaernarfon,
A'r llall i gadw'r gŵr yn fodlon.

Ac mae ganddi, heblaw corlan,
Geffyl mawr a cheffyl bychan;
Un i gario'r gŵr o'r dafarn,
A'r llall i gario'r god o arian.

Gallwn ddweud yn bendant bod Marged wedi byw yn hen
iawn. Mae Thomas Pennant yn tystio ei bod yn dal yn fyw
yn 1786, pan fyddai hi'n 90 oed o leia. Dywed rhai ei bod
wedi marw ym 1788 yn 92 oed, ond roedd eraill yn honni
ei bod wedi byw hyd 1801 a'i bod yn 105 yn marw – ac o
wybod ei hanes, fyddai rhywun yn synnu dim!

Eleanor Butler a/and
Sarah Ponsonby

Eleanor Butler

1739–1829

Sarah Ponsonby

1755–1831

The Ladies of Llangollen

The Ladies of Llangollen were in fact two Irishwomen who fled to Wales to live the life they desired together.

Eleanor Butler was a member of one of the most prominent families in Munster, the third daughter in a family that craved a male heir. When her brother was born eighteen months after her birth, Eleanor became almost invisible and forgotten and she was packed off to a convent in Cambrai, France, to be educated. She was then expected to return to Kilkenny Castle, her family home, and find an appropriate husband from a similar family as soon as possible. But Eleanor herself had very different ideas. According to family letters, she reached her thirtieth birthday 'without having one lover'.

However, the family found out that this was not entirely true when it became apparent that Eleanor's relationship with a girl called Sarah Ponsonby was more important to her than anything else. Sarah was an orphan placed under the care of Lord William Fownes and Elizabeth, his wife. She was sent to a local private school, where the Fownes succeeded to forget all about her.

Eleanor met Sarah for the first time when she visited the school, as was the tradition for wealthy families of the period. Sarah hated the school and attracted Eleanor's

Eleanor Butler

1739–1829

Sarah Ponsonby

1755–1831

Boneddigesau Llangollen

Dwy Wyddeles oedd y *'Ladies of Llangollen'* mewn gwirionedd, ond eu bod wedi ffoi i Gymru i gael byw y bywyd yr oedden nhw'n ei ddymuno gyda'i gilydd.

Roedd Eleanor Butler yn disgyn o un o deuluoedd pwysicaf Munster ac yn drydedd ferch mewn teulu oedd yn ysu am etifedd gwrywaidd. Pan aned ei brawd ddeunaw mis ar ei hôl hi, fe aeth Eleanor druan bron yn angof ac fe'i hanfonwyd i Gwfaint Cambrai yn Ffrainc i dderbyn ei haddysg. Y disgwyl wedyn oedd y byddai'n dychwelyd i Gastell Kilkenny, cartref ei theulu, a phriodi gŵr o deulu tebyg cyn gynted ag yr oedd modd. Ond roedd gan Eleanor syniadau gwahanol iawn. Yn ôl llythyrau'r teulu, roedd hi wedi cyrraedd ei deg ar hugain *'without having one lover'*.

Fe welodd y teulu nad oedd hyn yn wir pan ddaeth yn amlwg bod perthynas Eleanor â merch o'r enw Sarah Ponsonby yn bwysicach iddi na dim arall. Merch amddifad oedd Sarah a roddwyd yng ngofal yr Arglwydd William Fownes ac Elizabeth, ei wraig. Cafodd ei hanfon i ysgol breswyl gyfagos, lle llwyddodd ei gwarcheidwaid i anghofio amdani i bob pwrpas.

Cyfarfu Eleanor â Sarah am y tro cyntaf pan alwodd Eleanor heibio ar ymweliad â'r ysgol, yn ôl arfer

attention due to her forlorn appearance. Friendship blossomed between them, and when Sarah left the school she returned to live with her guardians, the Fownes family, who lived close to Kilkenny Castle. By that time it seems that Lord Fownes was all out to be much more than her 'guardian'.

After leaving school, Sarah spent a great deal of time with Eleanor and their friendship became much deeper. The notion of 'romantic friendship' was at its height at the time, but both families showed strong opposition, with the financial implications being one of the main problems. These two women would be expensive for their families if they were unable to attract eligible men to marry, but neither had any interest in men; they wanted to live together.

They decided to run away, dressed as men, but after spending the first night in a barn they were found and taken home. They were then ordered not to contact each other and Eleanor's family threatened to send her to a convent in France. But Sarah managed to invite Eleanor to visit and hid her in a cupboard at her home for a week or so. When the deception became apparent, both women faced their families bravely, explaining to them what the situation was, and they then booked a crossing on a ship from Waterford to Wales.

They travelled for a while, searching for somewhere suitable to set up home, and in 1780 they chose a cottage called Pen y Maes, near Llangollen, and spent the next fifty years there, eventually managing to buy it in 1819.

Pen y Maes became Plas Newydd and they spent their time adding extensions to it, setting out the gardens and decorating the house in the Gothic style that can still be seen there today. They realised the romantic ideal of

teuluoedd ariannog y cyfnod. Roedd Sarah yn casáu'r ysgol ac roedd golwg ddigalon iawn arni yno. Fe gymerodd Eleanor ati a datblygodd cyfeillgarwch rhyngddynt. Pan adawodd Sarah yr ysgol aeth yn ôl i fyw at y teulu Fownes, oedd yn digwydd byw yn agos at Gastell Kilkenny. Erbyn hynny mae'n debyg bod yr Arglwydd yn gwneud ei orau i fod yn llawer mwy na 'gwarcheidwad' i Sarah.

Wedi iddi adael yr ysgol gallai Sarah dreulio llawer iawn o amser gydag Eleanor ac fe ddatblygodd eu cyfeillgarwch yn llawer dyfnach. Roedd y syniad o 'gyfeillgarwch rhamantaidd' yn ei fri yn y cyfnod ond, er hynny, roedd teuluoedd y ddwy yn gryf eu gwrthwynebiad ac mae'n debyg bod rhesymau ariannol yn rhan o'r broblem. Dim ond costau fyddai'r ddwy ferch yma i'w teuluoedd os na allen nhw ddenu gwŷr i'w priodi ond doedd gan yr un o'r ddwy ronyn o ddiddordeb mewn dynion. Byw hefo'i gilydd oedd eu dymuniad, a dyna ni.

Penderfynodd y ddwy redeg i ffwrdd wedi eu gwisgo mewn dillad dynion, ond ar ôl treulio'r noson gyntaf mewn sgubor, daethpwyd o hyd iddyn nhw a'u cludo'n ôl adref. Rhoddwyd gorchymyn wedyn nad oedden nhw i gysylltu â'i gilydd o gwbl, a bu teulu Eleanor yn bygwth ei hanfon i gwfaint yn Ffrainc. Ond fe lwyddodd Sarah i anfon neges at Eleanor yn ei gwahodd i'w gweld. Cuddiodd hi mewn cwpwrdd yn ei chartref ac fe weithiodd hynny'n iawn am wythnos. Pan ddaeth y twyll i'r golwg fe wynebodd y ddwy eu teuluoedd yn ddewr a dweud sut roedd pethau i fod, gan logi lle ar gwch i deithio o Waterford i Gymru.

Bu'r ddwy'n teithio a chwilio'n ddyfal am rywle addas i sefydlu cartref ac, ym 1780, fe ddewiswyd bwthyn o'r enw Pen y Maes, ger Llangollen, a dyna lle treuliodd y

retreating to live a life of 'romantic friendship' in a beautiful location. They both wore similar clothes – hats and skirts that looked very masculine, and huge boots, very different from their peers. Both wore their hair extremely short and powdered – just like the men of the period.

Although their estate only extended to thirteen acres, the gardens became very productive under their care, and the owners of Plas Newydd became famous for their generosity. Their days would be spent gardening, writing, chatting and playing backgammon. No-one seems certain how they could afford to live like this as Eleanor did not inherit a penny in her father's will. Sarah depended on her brother and guardians for money, and maybe this was enough to support them.

Over the years the relationship between these two eccentric women became renowned amongst the authors and poets of the time and many of them visited Plas Newydd; prominent people such as Edmund Burke, Sir Walter Scott, Byron, Shelley and William Wordsworth. Wordsworth composed a sonnet about his experience during his visit in 1824:

> A stream to mingle with your favourite Dee
> Along the Vale of Meditation flows;
> So styled by those fierce Britons, pleased to see
> In Nature's face the expression of repose,
> Or, haply there some pious Hermit chose
> To live and die — the peace of Heaven his aim,
> To whom the wild sequestered region owes
> At this late day, its sanctifying name.
> Glyn Cafaillgaroch, in the Cambrian tongue,
> In ours the Vale of Friendship, let this spot
> Be nam'd, where faithful to a low roof'd Cot

ddwy yr hanner can mlynedd nesaf, gan lwyddo i'w brynu ym 1819.

Newidiwyd enw'r bwthyn yn Plas Newydd a bu'r ddwy wrthi'n brysur yn ychwanegu ato, yn cael trefn ar y gerddi ac yn addurno'r tŷ yn yr arddull gothig sy'n dal i'w weld yno heddiw. Llwyddwyd i wireddu'r ddelfryd ramantaidd o encilio i fyw bywyd o 'gyfeillgarwch rhamantaidd', a hynny mewn lleoliad hyfryd. Gwisgai'r ddwy ddillad tebyg iawn, hetiau a siacedi digon dynol eu golwg, ac esgidiau anferth – gwisg oedd yn gwbl wahanol i wisgoedd merched eraill y cyfnod. Torrai'r ddwy eu gwallt yn fyr iawn a'i bowdro yn union fel y byddai dynion yn ei wneud.

Tair ar ddeg o erwau o dir oedd ganddynt, ond fe lwyddwyd i'w gwneud yn gynhyrchiol iawn ac roedd perchnogion Plas Newydd yn enwog am eu haelioni i bobl yr ardal. Byddai'r ddwy yn treulio'u hamser yn garddio, ysgrifennu, sgwrsio a chwarae *backgammon*, ond does neb yn siŵr sut roedden nhw'n gallu fforddio byw fel hyn gan na dderbyniodd Eleanor geiniog yn ewyllys ei thad. Roedd Sarah yn ddibynnol ar ei brawd a'i gwarcheidwaid am arian, felly mae'n bosib fod yr arian hwnnw'n ddigon i'w cynnal.

Daeth perthynas y ddwy ferch ecsentrig, ond annwyl a graslon, yn enwog ymhlith awduron a beirdd y cyfnod a byddai nifer ohonynt yn galw i'w gweld – enwau amlwg iawn fel Edmund Burke, Syr Walter Scott, Byron, Shelley a William Wordsworth. Ysgrifennodd Wordsworth gerdd am y profiad o ymweld â Llangollen ym 1824:

A stream to mingle with your favourite Dee
Along the Vale of Meditation flows;
So styled by those fierce Britons, pleased to see
In Nature's face the expression of repose,

On Deva's banks, ye have abode so long,
Sisters in love, a love allowed to climb
Ev'n on this earth, above the reach of time.

The comment about the 'low roof'd Cot' earned their displeasure, and Wordsworth was not invited again. But his comments about the two Ladies in a letter reveal a great deal more about his attitude towards them, and he ends with the comment:

> So oddly was one of these ladies attired that we took her, at a little distance, for a Roman Catholic priest, with a crucifix and relics hung at his neck. They were without caps, their hair bushy and white as snow, which contributed to the mistake.

His comments suggest that most visitors called at Plas Newydd to stare and laugh at the Ladies behind their backs, not to enjoy their company. The Duke of Wellington himself visited them, and every visitor who returned was expected to present them with a gift of carved wood. Plas Newydd today bears testimony to this tradition and to the fact that many visitors must have returned several times.

The relationship between the Ladies gave rise to a great deal of speculation. When an article was published in the *General Evening Post* on 24 July 1790, depicting Eleanor Butler as the male partner who took care of the garden and grounds, and Sarah Ponsonby as the most ladylike, responsible for the housekeeping and servants, the Ladies were extremely upset and threatened to sue the paper for libel.

In 1829, at the age of 90, Eleanor Butler died, and although she was so much younger, Sarah Ponsonby could not face life without her, and she died in 1831.

Or, haply there some pious Hermit chose
To live and die — the peace of Heaven his aim,
To whom the wild sequestered region owes
At this late day, its sanctifying name.
Glyn Cafaillgaroch, in the Cambrian tongue,
In ours the Vale of Friendship, let this spot
Be nam'd; where faithful to a low roof'd Cot
On Deva's banks, ye have abode so long,
Sisters in love, a love allowed to climb
Ev'n on this earth, above the reach of time.

Fe bechodd y sylw am y *'low roof'd Cot'* yn fawr iawn mae'n debyg, ac ni chafodd Wordsworth wahoddiad yn ôl yno wedyn. Ond mae ei sylwadau am y ddwy mewn llythyr yn datgelu llawer mwy am ei agwedd tuag atynt:

> *So oddly was one of these ladies attired that we took her, at a little distance, for a Roman Catholic priest, with a crucifix and relics hung at his neck. They were without caps, their hair bushy and white as snow, which contributed to the mistake.*

Mae ei sylwadau'n gwneud i rywun feddwl mai mynd yno i rythu ar y ddwy a chwerthin y tu ôl i'w cefnau yr oedd pawb yn hytrach na mwynhau eu cwmni. Bu Dug Wellington ei hun yn ymweld â nhw hefyd, a dywedir ei bod yn draddodiad i bawb oedd yn ymweld â'r 'Boneddigesau' am yr ail waith fynd â rhodd o ddarn o bren cerfiedig iddyn nhw. O weld y Plas heddiw mae'n rhaid bod llawer iawn o ymwelwyr wedi bod yno dro ar ôl tro.

Roedd perthynas y ddwy yn destun llawer o chwilfrydedd yn y cyfnod; pan gyhoeddwyd erthygl yn y *General Evening Post* ar 24 Gorffennaf 1790, yn darlunio Eleanor Butler fel y partner dynol fyddai'n gofalu am yr ardd a'r tiroedd, a Sarah Ponsonby fel yr un ferchetaidd

They were buried in the cemetery at Llangollen – together, of course.

oedd yn gyfrifol am y tŷ a'r morynion, roedd y ddwy yn flin dros ben ac am erlyn y papur am eu henllibio.

Ym 1829, a hithau'n 90 oed, fe fu farw Eleanor Butler, ac er ei bod gymaint yn iau na hi nid oedd Sarah Ponsonby yn medru wynebu bywyd hebddi a bu hithau farw ym 1831. Claddwyd y ddwy ym mynwent eglwys Collen, Llangollen – gyda'i gilydd, wrth gwrs.

Jemima Nicholas

Jemima Nicholas

1750(?) – 1832
Saviour of Wales, and cobbler

If someone told you that one woman, a pitchfork and a cargo of wine from Portugal once stopped an army, you probably wouldn't believe it. But it's true.

At the end of the eighteenth century, France had just been through the Revolution and had rid itself of the Royal family. By the 1790s the country was ruled by a council named The Directory and a small pugilistic man, called Napoleon, led the army. As they were so adamant that their method of government was the correct one, they were keen to encourage other countries to join with them in the Revolution and were quite prepared to use force to persuade them.

Britain was their nearest neighbour and the most obvious target. So, on 17 February 1797, four ships with 1,400 soldiers on board sailed for Bristol – although the word soldiers should be in quotation marks; 800 of them were prisoners who had just been released from jail for the journey. These could not be described as the élite – they were starving prisoners delighted to gain some sort of freedom, and persuading people that France's new political ideals were the ones to follow was not high on their list of priorities.

The great honour of leading this mixed bunch was bestowed on a seventy year old man, Colonel William Tate. Not quite the name you would expect on a French

Jemima Nicholas

1750(?) – 1832
Gwraig gref a chrydd

Petai rhywun yn dweud wrthych chi bod un wraig â phicfforch a chyflenwad o win o Bortiwgal wedi rhoi stop ar fyddin, go brin y byddech chi'n credu hynny. Ond mae'n ffaith.

Ar ddiwedd y ddeunawfed ganrif roedd Ffrainc newydd fyw trwy'r Chwyldro mawr ac wedi cael gwared o'u teulu brenhinol. Cyngor dan yr enw 'Directory' oedd yn rheoli'r wlad erbyn yr 1790au, a dyn bach rhyfelgar iawn o'r enw Napoleon oedd yn arwain y fyddin. Gan eu bod nhw mor siŵr mai eu dull nhw o reoli oedd yr un iawn, roedden nhw am gael gwledydd eraill i ymuno yn y Chwyldro ac yn fwy na pharod i ddefnyddio grym i'w perswadio i wneud hynny.

Y cymydog agosaf a'r targed amlycaf oedd Prydain. Felly, ar 17 Chwefror 1797, fe hwyliodd 1,400 o filwyr am Fryste ar bedair llong – er y dylai'r gair milwyr fod mewn dyfynodau, mae'n siŵr. Carcharorion oedd 800 ohonyn nhw, newydd eu rhyddhau o'r carchar i fynd ar y fordaith. Nid yr *élite* mo'r rhain ond pobl ar eu cythlwng oedd yn falch o gael rhywfaint o ryddid, a doedd darbwyllo pobl mai syniadau gwleidyddol newydd Ffrainc oedd yn iawn ddim yn uchel ar eu rhestr o flaenoriaethau.

Rhoddwyd y fraint o arwain y criw cymysg yma i ŵr yn ei saithdegau, y Cyrnol William Tate. Enw annisgwyl ar Ffrancwr, meddech chi. Mewn gwirionedd, nid Ffrancwr oedd o, ond hanner Gwyddel a hanner Americanwr.

Colonel, but he was not French, he was part Irish, part American.

The masterplan was to land in Bristol and fight their way through the country, gaining the support of the country folk as they went. However, things were not looking too bright when the wind forced them to change course to the west, towards Pembrokeshire. Goodwick beach was their planned landing ground, but the people of Fishguard saw them heading their way and fired the cannons. They were not firing to hit the ships, merely to warn the townspeople, but the ploy worked in that the ships changed course and sailed to the south.

The French sailors eventually chose Carreg Wastad beach as their landing point. If you were leading an army and wanted to land them easily and conveniently, this would be the very last beach you would choose, as it is surrounded by high cliffs. Nothing was going to be simple about this exercise! On the night of Wednesday, 22 February 1797, the 'soldiers' managed to scale the cliffs and take possession of Trehywel farm, to be used as the headquarters of Colonel Tate.

Then things went totally out of control! The prisoners now saw their opportunity and ran amok, chasing, slaughtering and eating animals – and this is where the Portuguese wine comes into the story. A few days previously, a Portuguese ship had been shipwrecked at Fishguard and the local inhabitants had filled their cellars with wine. The French soldiers found the stores of wine and enjoyed themselves immensely, drinking as much as they could of it. Colonel Tate did not have much of an army to begin with, but things were becoming bleaker by the minute for him, with his men in a drunken stupor all over the countryside.

But what was the army's response in Fishguard? A man

Y cynllun oedd glanio ym Mryste a brwydro eu ffordd trwy'r wlad gan ennyn cefnogaeth y bobl gyffredin i'r syniad o gael gweriniaeth ym Mhrydain hefyd. Ond doedd pethe ddim yn argoeli'n dda iawn gan i'r gwynt eu gorfodi i'r gorllewin, i gyfeiriad Sir Benfro. Mae'n debyg eu bod wedi bwriadu glanio ar draeth Wdig, ond fe welodd pobl Abergwaun nhw a deall beth oedd eu bwriad ac fe saethwyd y gynnau mawr. Nid eu saethu i daro'r llongau, ond i rybuddio pobl y dref – ond roedd hynny'n ddigon i'r llongau newid cwrs eto a hwylio i'r de.

Traeth Carreg Wastad a ddewiswyd yn y diwedd. Petaech chi'n arwain byddin ac am lanio'n hwylus mae'n debyg mai dyma'r traeth olaf un fyddech chi'n ei ddewis, achos bod creigiau uchel o'i gwmpas. Ond doedd dim byd yn hawdd ynghylch yr ymgyrch yma! Ar nos Fercher, 22 Chwefror 1797, fe lwyddodd y 'milwyr' i ddringo'r creigiau a meddiannu fferm Trehywel, er mwyn ei defnyddio fel canolfan i'r Cyrnol Tate. Wedyn yr aeth pethau'n flêr iawn!

Fe welodd y carcharorion eu cyfle, ac mae hanesion amdanynt yn rhedeg ar ôl anifeiliaid a'u lladd er mwyn eu bwyta; a dyma lle mae'r gwin o Bortiwgal yn dod i mewn i'r stori. Ychydig ddyddiau ynghynt roedd llong o Bortiwgal wedi ei dryllio ar y creigiau yn Abergwaun ac roedd pobl yr ardal wedi llenwi eu selerydd gyda'r gwin oedd arni. Daeth y milwyr ar draws y stôr yma o win, wrth gwrs, a chael hwyl fawr ar ei yfed. Doedd gan y Cyrnol Tate fawr o fyddin i gychwyn, ond roedd pethau'n edrych yn llawer gwaeth arno efo'i ddynion yn feddw gaib ar hyd y lle.

Ond beth oedd ymateb y fyddin yn Abergwaun? Gŵr o'r enw Thomas Knox oedd arweinydd y fyddin leol, y 'Fencibles', ac roedd o'n gwledda ym mhlasty Tre-wynt pan ddaeth y newydd am laniad y Ffrancod. Aeth ati'n

named Thomas Knox led the local army, the 'Fencibles', and he was feasting at Tre-wynt country house when news came of the French invasion. He set about mustering his men and ordered them to gather near the Fort outside Fishguard. Naturally, you would have expected them to attack the very next day and face the enemy bravely. But Thomas Knox led his men to the south and safety, leaving Fishguard at the mercy of the French.

Before they reached Haverfordwest they met Lord Cawdor's army, on their way to Fishguard. It would have been interesting to hear the discussion between the two men, but eventually both armies marched back towards Fishguard.

Meanwhile, the local inhabitants set about dealing with the problem they faced in the best way they could. The farmers gathered together, carrying everything that could be used as a weapon, from pitchforks and scythes to guns. They were determined that the French army would not conquer their town.

It was not only farmers who joined the band to face the French. At least one woman stood amongst them – our heroine, Jemima Nicholas. She was called *'Jemima Fowr'* locally (*'fowr'* = tall, or big) – she was over six feet tall. She was forty-seven years old by 1797 and a cobbler, very fit and strong.

The band of local inhabitants spread out to search for the drunken Frenchmen, and Jemima found twelve of them in a field near Llanwnda. She only had a pitchfork to hand, but that, coupled with her strength and the effect of the Portuguese wine on the soldiers, was enough for her to corner the Frenchmen and send them packing to the jail in Fishguard. According to another tradition, Jemima set out again and found two Frenchmen sleeping in a barn. She came out with one under each arm!

syth i gasglu ei ddynion at ei gilydd a'u gorchymyn i aros yn y Gaer, tu allan i Abergwaun. Yn naturiol, fe fyddech yn disgwyl iddo ymosod y diwrnod wedyn a wynebu'r gelyn yn ddewr. Ond arwain ei ddynion i'r de, tua Hwlffordd a diogelwch, wnaeth Thomas Knox, gan adael Abergwaun ar drugaredd y Ffrancwyr.

Ond cyn iddo gyrraedd Hwlffordd daeth byddin yr Arglwydd Cawdor i'w gyfarfod – roedden nhw ar eu ffordd i Abergwaun. Mi fyddai'n ddifyr iawn gallu gwrando ar y sgwrs rhwng y ddau, ond diwedd y stori oedd i'r ddwy fyddin orymdeithio gyda'i gilydd am Abergwaun.

Gan fod y broblem wedi'i gadael yn eu dwylo nhw, fe aeth y bobl leol ati orau gallen nhw i gael trefn ar y sefyllfa. Casglodd y ffermwyr at ei gilydd gan gludo popeth y gellid ei ddefnyddio fel arf, yn bicffyrch, pladuriau a gynnau. Doedd y rhain ddim am adael i'r fyddin Ffrengig oresgyn eu tref.

Nid ffermwyr yn unig a ymunodd â'r fintai i wynebu'r Ffrancwyr. Yn eu plith roedd o leiaf un wraig, sef ein harwres ni, Jemima Nicholas. Ei henw'n lleol oedd 'Jemima Fowr'. Roedd hi dros chwe throedfedd o daldra ac yn ddynes gref. Yn ôl y sôn roedd hi'n bedwar deg saith oed erbyn 1797, ond gan mai crydd oedd hi wrth ei gwaith bob dydd, mae'n siŵr ei bod hi'n ystwyth a chryf o hyd.

Chwalodd y fintai o Gymry i bob cyfeiriad i chwilio am y Ffrancwyr meddw, a daeth Jemima o hyd i ddeuddeg ohonyn nhw mewn cae ger Llanwnda. Dim ond picfforch oedd ganddi ond roedd hynny, ei nerth bôn braich ac effaith gwin Portiwgal ar y milwyr, yn ddigon iddi fedru cornelu'r Ffrancwyr a'u hel yn un haid i'r carchar yn nhref Abergwaun. Yn ôl stori arall, aeth Jemima yn ôl allan ac, wrth chwilio mewn beudy yn Llanwnda, fe ddaeth o hyd

By the Thursday night Colonel Tate had had more than enough: his army was a drunken mess and rumour had it that a large army was approaching. On the Friday morning he decided that he would march down to Goodwick to formally surrender to Cawdor's army. But Cawdor had a clever trick up his sleeve to show his total supremacy over the French. He asked the women of the area to march around a hill above the beach in their red cloaks and tall black hats. This gave the French the impression that a huge army was approaching. They were more than willing to sign the peace treaty and to surrender completely before being led to Haverfordwest prison.

Jemima lived until 1832 and a memorial was set up in memory of her bravery in the cemetery of Fishguard Church. The rector at the time, Samuel Fenton, added the following footnote:

This woman was called Jemima Vawr, i.e. Jemima the great, from her heroic acts. She having marched against the French who landed hereabout in 1797 and being of such personal powers as to be able to overcome most men in a fight. I recollect her well. She followed the trade of shoemaker & made me when a little boy several pairs of shoes.

i ddau Ffrancwr yn cysgu yn y gwair. Daeth Jemima allan efo un dan bob cesail!

Erbyn y nos Iau roedd Tate wedi cael mwy na digon, ei fyddin yn llanast meddw a sibrydion bod byddin fawr iawn ar ei ffordd i'w hwynebu. Ar y bore dydd Gwener penderfynodd orymdeithio i lawr i Wdig i ildio'n ffurfiol i fyddin Cawdor. Ond roedd gan Cawdor dric slei iawn i fyny'i lawes i ddangos ei oruchafiaeth lwyr dros y Ffrancwyr. Gofynnodd i ferched ardal Abergwaun orymdeithio o amgylch bryn ger y traeth yn eu clogau cochion a'u hetiau duon, tal, traddodiadol. Meddyliodd y Ffrancwyr yn siŵr fod byddin anferth arall ar fin cyrraedd Abergwaun ac roedden nhw'n fwy na bodlon i lofnodi'r cytundeb heddwch ac ildio'n llwyr cyn cael eu harwain i garchar Hwlffordd.

Bu Jemima fyw hyd 1832, ac mae carreg i gofio amdani hi a'i dewrder ym mynwent yr Eglwys yn Abergwaun. Wrth gofnodi ei chladdu fe ychwanegodd yr offeiriad, Samuel Fenton, droednodyn fel hyn:

Gelwid y wraig hon yn Jemima Vawr oherwydd ei gweithredoedd arwrol, gan iddi fartsio yn erbyn y Ffrancwyr a laniodd yma ym 1797, a chan ei bod â digon o nerth i fedru trechu'r rhan fwyaf o ddynion mewn ymladdfa. Cofiaf hi'n dda. Dilynai grefft y crydd a gwnaeth sawl pâr o sgidiau i mi pan oeddwn yn fachgen bach.

Mary Lewis

Mary Lewis

1772 – 1816(?)
Thief

No, not Mary Jones, but Mary Lewis, from the parish of Llangelynnin in Merioneth, about whom very little is known. She deserves her place here for two reasons: firstly she was extremely wild – a thief – and secondly she was punished very harshly for her sins.

Mary Lewis was born in 1772, the daughter of Lewis William of Ynysgyffylog and Catherine Evan, his wife. The family was living at Coedmawr when her sister Sarah was baptised in 1759, but by the time Mary had reached her teens it seems the family had fallen on hard times. Sarah, Mary and their mother lived on a smallholding called Brynhir, and there was no mention of the father. Brynhir stood above Llwyngwril village, looking down towards the sea and Cardigan Bay in all its glory. But you could not live on sea views in those days. Times were hard for country folk.

Whether Mary Lewis did what she did due to desperation or because she couldn't help herself can only be left to conjecture, but she did commit her first crime when she was just sixteen years old. Whether her motives were good or bad, her first mistake was to steal a pair of blankets belonging to William Williams, who kept an inn at Dolgellau. At the Quarter Sessions in Dolgellau in September 1788, she was charged with this heinous crime, and the court found her guilty. Theft did not instil a great deal of sympathy in magistrates – they believed in

Mary Lewis

1772–1816(?)

Lleidr

Na, nid Mary Jones, ond Mary Lewis, ac ychydig iawn sy'n gwybod am y ferch hon o blwy' Llangelynnin ym Meirionnydd. Mae'n haeddu ei lle yma am ddau reswm: yn gyntaf, roedd hi'n hynod o wyllt – yn lleidr – ac yn ail, fe gafodd ei chosbi'n drwm iawn am ei chamweddau.

Ganed Mary Lewis yn ferch i Lewis William o Ynysgyffylog a Catherine Evan, ei wraig, ym 1772. Roedd y teulu'n byw yn y Coedmawr pan fedyddiwyd ei chwaer, Sarah, yn 1759, ond erbyn i Mary gyrraedd ei harddegau mae'n ymddangos bod y teulu wedi gweld tro ar fyd. Erbyn hynny roedd Sarah, Mary a'u mam, Catherine Evan, yn byw ar ddyddyn Brynhir, ac nid oedd sôn am y tad. Safai Brynhir uwchben pentref Llwyngwril yn edrych i lawr am y môr a holl ogoniant Bae Ceredigion. Ond allech chi ddim byw ar olygfeydd y dyddiau hynny. Roedd hi'n gyfnod caled ar bobl y wlad.

Gwnaeth Mary Lewis ei chamgymeriad cyntaf pan oedd hi'n ddim ond un ar bymtheg oed. Ai oherwydd bod bywyd yn galed, neu am nad oedd yn medru peidio, wyddon ni ddim. Ond beth bynnag oedd y rheswm, ei chamgymeriad mawr oedd dwyn pâr o gynfasau oddi ar ŵr o'r enw William Williams oedd yn cadw tafarn yn Nolgellau. Mae'n debyg y byddai hi'n dweud mai ei chamgymeriad mwyaf oedd cael ei dal! Yn Llys Chwarter Dolgellau ym mis Medi 1788 fe'i cyhuddwyd o'r drosedd fawr yma, a'i chael yn euog. Ychydig iawn o drugaredd a

making an example of convicted thieves as a threat to others. Mary was therefore sentenced to be jailed until 22 November, and then to be placed in the stocks in the centre of Dolgellau to be publicly whipped 'until her back was bleeding'.

Dolgellau jail was not the most pleasant of places, to say the least. The prisoners complained at the beginning of 1788 that their drinking water was not fit for human consumption. It was claimed that the water had the distinct flavour of dead sheep and that it was not unusual to find the odd maggot floating in the drinking cups! The fact that the river was used to treat sheep skins, one of Dolgellau's main industries, was responsible for this.

If the magistrates had intended to discourage Mary from re-offending, they failed miserably. She stood before them again in four years' time and for far worse crimes. This time her mother and sister stood beside her in the dock.

It seems that the inhabitants of Llangelynnin and Llwyngwril had noticed that things had been disappearing from around their homes for some time. Four napkins belonging to David Humphrey, Alltgoch, had disappeared from a wall where they were left to dry one morning. By the end of November things came to a head when Meredith Howell, the local innkeeper, noticed that he'd lost a sieve worth 2 shillings and a sack worth 3 shillings, and Thomas Rees realised that he had lost four fat geese from a hut near the house. The realisation that the Christmas dinner had been stolen would have made anyone feel rather annoyed.

The villagers soon turned their attention to the inhabitants of Brynhir. Meredith Howell set off to see John Owen, the Parish Constable at the time, to ask him to investigate these thefts. John Owen was not one to

ddangosid tuag at bobl oedd yn dwyn yr adeg honno, a chredai'r ynadon mewn dangos esiampl i bobl a'u cadw mewn trefn trwy godi ofn arnyn nhw. Y ddedfryd i Mary, felly, oedd cael ei chadw yn y carchar hyd 22 Tachwedd, ac yna ei rhoi yn y 'stocs' yng nghanol tref Dolgellau a'i chwipio'n gyhoeddus, 'hyd nes y byddo'i chefn yn gwaedu'.

Doedd carchar Dolgellau ddim yn lle braf, a dweud y lleia. Roedd y carcharorion wedi cwyno ar ddechrau 1788 nad oedd y dŵr a gaent i'w yfed yn addas o gwbl. Y rheswm am hynny oedd bod yr afon yn cael ei defnyddio i drin crwyn defaid – un o brif ddiwydiannau Dolgellau ar y pryd – ac roedd eu hoglau a'u blas ar y dŵr, heb sôn am y cynrhon oedd yn byw arnyn nhw.

Os mai bwriad yr ynadon oedd dychryn Mary er mwyn ei hatal rhag gwneud yr un peth eto, mae'n amlwg eu bod nhw wedi methu'n arw. Roedd hi ger eu bron eto yn ugain oed, a hynny am bethau gwaeth o lawer – ac roedd ei mam a'i chwaer hefo hi yn y potes y tro hwn.

Mae'n debyg bod pobl plwyf Llangelynnin a phentref Llwyngwril wedi dechrau sylwi bod pethau'n diflannu o gwmpas eu tai ers amser. Roedd pedwar napcyn a adawyd allan i sychu dros nos ar wal o eiddo David Humphrey, Alltgoch, wedi diflannu erbyn y bore. Erbyn diwedd Tachwedd roedd pethau wedi mynd yn ddifrifol iawn pan sylweddolodd Meredith Howell, y tafarnwr lleol, ei fod wedi colli hidlen gwerth dau swllt a sach gwerth tri swllt. Fe welodd Thomas Rees hefyd bod tair gŵydd dew oedd ganddo mewn cwt wrth y tŷ wedi diflannu. Fe fyddem ninnau'n eitha blin o weld ein cinio 'Dolig yn cael ei gipio o dan ein trwynau, mae'n siŵr!

Fu'r pentrefwyr fawr o dro yn troi eu golygon tuag at drigolion Brynhir. Aeth Meredith Howell, a'i wynt yn ei ddwrn, at John Owen – Cwnstabl y plwy ar y pryd – a

rush in: he wanted everything to be in order. Therefore he had to travel over to Barmouth, across the estuary, to obtain a formal warrant from the Justice of the Peace there. With all the paperwork in order, John Owen, Meredith Howell and David Humphrey, Alltgoch, set off for Brynhir.

There, they found the old lady, Catherine Evan; Sarah Lewis, her 33 year old daughter; Mary Lewis, 20 years old by now, and Catherine, Sarah Lewis's six month old daughter. Before long, they found three fat geese; the sieve and sack belonging to Meredith Howell; four napkins belonging to David Humphrey; four sheep skins with the earmarks of John Rees, Buredin Fawr, Llanegryn; sixteen quarters of mutton; four sheep's heads, and a parcel of tallow. Things looked bleak for the four women.

Just in case they tried to make a run for it before facing trial, the three men and John Rees, the owner of the sheep, stayed with them from Saturday night to Monday morning but, despite their best efforts, Mary managed to escape. When Monday came, only Catherine, Sarah and baby Catherine were moved to Barmouth to be interrogated by the Justice of the Peace, Francis Parry, and then on to Dolgellau jail where Mary had been held four years previously.

It seems that Mary intended to make her escape to south Wales, but she only reached as far as Pennal before Constable John Owen caught her and dragged her back to Dolgellau.

In their evidence, Catherine and Sarah had implied that they had nothing at all to do with the offences. It must be said in her defence that Mary herself confirmed this, but she also implicated a man, William German of Pembrokeshire, her partner in crime, according to her. She claimed that he had slaughtered the sheep and stolen

gofyn iddo ymchwilio i'r mater. Ond nid oedd y cwnstabl am ruthro i mewn i'r tŷ: roedd am fod yn drefnus. Teithiodd draw i'r Bermo i gael gwarant ffurfiol gan yr Ynad Heddwch yno, ac wedi cael y gwaith papur mewn trefn i ffwrdd â fo – yng nghwmni Meredith Howell a David Humphrey, Alltgoch, y dyn oedd wedi colli'r pedwar napcyn – am y Brynhir.

Daethant o hyd i Catherine Evan, yr hen wraig; Sarah Lewis, ei merch 33 oed; Mary Lewis, 20 oed, a Catherine, merch fach chwe mis oed Sarah Lewis, yn y tŷ. Fuon nhw ddim yn hir cyn dod o hyd i'r tair gŵydd dew; yr hidlen a sach Meredith Howell; pedwar napcyn David Humphrey; pedwar croen dafad hefo nod clust a gwlân John Rees, Buredin Fawr, Llanegryn; 16 chwarter o gig dafad; pedwar pen dafad, a pharsel o wêr. Roedd pethau'n edrych yn dywyll iawn ar y pedair merch.

Rhag ofn iddyn nhw geisio dianc cyn wynebu eu gwell fe arhosodd y tri gŵr a John Rees, perchennog y defaid, yno o nos Sadwrn tan fore Llun, ond er gwaethaf ymdrechion y pedwar, llwyddodd Mary i ddianc. Felly pan ddaeth bore Llun, dim ond Catherine, Sarah a Catherine fach a gludwyd i'r Bermo i'w holi gan yr Ynad Heddwch, Francis Parry, ac ymlaen i'r carchar yn Nolgellau lle bu Mary bedair blynedd ynghynt.

Mae'n debyg mai bwriad Mary oedd dianc tua'r de, ond dim ond i Bennal y cyrhaeddodd hi cyn i'r Cwnstabl John Owen ei dal a'i llusgo'n ôl i Ddolgellau.

Yn eu tystiolaeth roedd Catherine a Sarah wedi awgrymu nad oedd a wnelo nhw ddim â'r peth. Chwarae teg iddi, dyna'n union ddwedodd Mary hefyd, ond roedd yn honni bod dyn o'r enw William German o Sir Benfro hefo hi yn y potes. Fo oedd wedi lladd y defaid a dwyn y pethe o'r dafarn, meddai hi, tra bod y ddau ohonyn nhw wedi dwyn y gwyddau. Cyfaddefodd Mary mai hi ei hun

the items from the pub, whilst both of them had stolen the geese. Mary admitted that she herself had stolen the four napkins from the wall near Alltgoch.

The four women were kept in Dolgellau jail until their case was heard at the Great Sessions on 6 April 1793, where the three adults were convicted jointly and sentenced to be hanged. But the Judge, Thomas Potter, must have had some doubts regarding the verdict as he interfered and insisted that Catherine and Sarah's convictions should be changed to transportation to Australia for seven years each. For such a short period after a lengthy journey it was unlikely that they would actually be sent there. In effect, the sentence was changed from public hanging to one of seven years in jail.

Transportation to Australia was a fairly new penalty at the time, but there were two major advantages for the authorities: British prisons were packed and needed to be emptied, and the colonisation of Australia needed many more people, and the advantages of free labour were obvious.

Mary was due to be executed on 2 September 1793, but Sir Robert Williams Vaughan, the local MP, intervened and her sentence was also changed, this time to transportation for life. The sentencing was the easy part; ensuring that she was actually transported was another matter entirely. The three women were held at Dolgellau jail until April 1797, at least. It seems that baby Catherine had been separated from her mother and Llangelynnin parish was now responsible for her upkeep.

There is no documentary evidence to prove when Sarah and her mother were released but it seems that this happened some time between April and July 1797, four and a half years after they were jailed. The record in the

oedd wedi dwyn y pedwar napcyn oddi ar y wal ger Alltgoch.

Cadwyd y pedair yng ngharchar Dolgellau tan eu hachos yn y Sesiwn Fawr ar 6 Ebrill 1793. Yno dyfarnwyd bod y tair hynaf yn euog ar y cyd ac fe'u dedfrydwyd i gael eu crogi. Mae'n rhaid bod y barnwr, Thomas Potter, wedi amau rhywbeth, oherwydd fe fynnodd bod dedfryd Catherine a Sarah yn cael ei newid i ddedfryd o'u trawsgludo i Awstralia am 7 mlynedd yr un. Ond gan ei fod yn gyfnod mor fyr a'r daith mor bell roedd hi'n annhebygol y byddai hynny'n digwydd. Mewn gwirionedd, felly, roedd y ddedfryd wedi ei newid o farwolaeth i saith mlynedd o garchar.

Peth cymharol newydd oedd trawsgludo troseddwyr i Awstralia, ond roedd dwy fantais i'r peth o safbwynt yr awdurdodau: roedd carchardai Prydain yn orlawn ac angen eu gwagu, ac roedd angen gyrru pobl i Awstralia, yn enwedig rhai fyddai'n gweithio am ddim.

Roedd Mary i fod i gael ei dienyddio ar 2 Medi 1793 ond, diolch i ymyrraeth Syr Robert Williams Vaughan, yr Aelod Seneddol lleol, fe newidiwyd y ddedfryd i drawsgludo am oes. Un peth oedd penderfynu hynny, peth arall oedd ei drefnu. Yng ngharchar Dolgellau y bu'r tair, ac roeddent yn dal yno yn Ebrill 1797. Mae'n debyg bod Catherine fach wedi cael ei gwahanu oddi wrth ei mam erbyn hynny a'i symud i blwy Llangelynnin i gael ei magu.

Ŵyr neb i sicrwydd pryd y rhyddhawyd Sarah a'i mam, ond mae'n debyg mai rhywbryd rhwng Ebrill a Gorffennaf 1797 oedd hi, bedair blynedd a hanner ar ôl eu carcharu. Efallai bod y cofnod yng nghofrestri plwy' Dolgellau sy'n nodi claddu Catherine Evan, 'a pauper', ym Mai 1797 yn arwyddocaol hefyd.

Ond beth am Mary? Ar 21 Mehefin 1801 fe hwyliodd

Dolgellau parish registers of the burial of a 'Catherine Evan, a pauper' in May 1797 could be very significant.

But what about Mary? On 21 June 1801, three galleys sailed from Spithead, Hampshire, led by the warship *Terpsichore*. On the *Nile*, the *Minorca* and the *Canada* there were 528 prisoners in all, with 96 women amongst them. The women came from all parts of England and five from Wales: three from Glamorgan, one from Carmarthenshire and one from Merioneth. Of all the women who sailed on the *Nile*, Mary had spent the longest time in jail.

We can only imagine the state these women were in by 14 December 1801, when the *Nile* sailed into Sydney harbour. The galleys were renowned for the abuse dished out to everyone, especially women, and life after disembarking would not be much better.

Tracing Mary's history after she reached Australia is very difficult. There is a record that she married one of the colonisers, but by 1816 she was a widow in Sydney. She was therefore forced to look at Sydney Bay every morning instead of Cardigan Bay – and even if her homesickness was not bad enough, the memory of the disgrace, shame and suffering she had brought upon her mother, sister and little niece in Wales must have overshadowed her whole life.

tair llong o Spithead yn Swydd Hampshire, de Lloegr, dan arweiniad y llong ryfel *Terpsichore*. Ar y *Nile*, y *Minorca* a'r *Canada* roedd 528 o garcharorion, 96 ohonynt yn ferched. Deuent o bob rhan o Loegr a phump ohonynt o Gymru: tair o Forgannwg, un o Gaerfyrddin ac un o Feirionnydd. O'r holl ferched oedd ar y *Nile*, Mary oedd wedi bod yn y carchar am y cyfnod hwyaf.

Tybed sut gyflwr oedd arnynt erbyn 14 Rhagfyr 1801, pan hwyliodd y *Nile* i mewn i harbwr Sydney? Roedd y llongau'n enwog am y gamdriniaeth a gâi pawb ar eu bwrdd, a merched yn arbennig, ac mae'n beryg nad oedd bywyd ar ôl glanio fawr gwell iddyn nhw chwaith.

Anodd iawn yw olrhain hanes Mary wedi iddi gyrraedd Awstralia. Mae cofnod ei bod wedi priodi un o'r gwladychwyr, ond erbyn 1816 roedd hi'n wraig weddw yn Sydney. Fe'i gorfodwyd, felly, i wynebu Bae Sydney bob bore yn hytrach na Bae Ceredigion, ac os nad oedd yr hiraeth yn ddigon, mae'n siŵr bod cofio am y gwarth, y cywilydd a'r dioddefaint yr oedd hi wedi eu dwyn ar ei mam, ei chwaer a'i nith fach yng Nghymru, wedi bwrw cysgod ar weddill ei hoes.

Ann Griffiths

Ann Griffiths

1776–1805
Hymnist

It may be surprising to find a hymnist amongst the 'wild women' of Wales, but according to the *Chambers Dictionary*, the various definitions of 'wild' include: 'fierce; passionate; fanatically excited' and all three descriptions are very apt when applied to Ann Griffiths.

Considering the fact that only 70 stanzas of her work have survived, it is remarkable that this farmer's daughter from the depths of Montgomeryshire is still remembered and respected. But Ann's poetry consists not of slipshod, simple rhymes, but of beautiful hymns that convey her profound feelings.

Ann's upbringing was similar to that of hundreds of other farm daughters. Her father, John Evan Thomas, was a successful farmer at Dolwar Fach, in the Llanfihangel-yng-Ngwynfa area. Ann was one of five children – three daughters and two sons. She was the eldest daughter and the only one still living at home when her mother died in 1794, so she became the mistress of Dolwar Fach at the age of 17. The housekeeping was her responsibility from then on and she had to keep tabs on the servants and probably help with the farm work as well. Her two brothers also still lived at home.

Literature and local culture were held in high regard at Dolwar Fach. John Evan Thomas was a poet in his own right and a manuscript volume of his poetry, kept at Dolwar Fach, has survived and can now be seen at the

Ann Griffiths

1776–1805

Emynydd

Bydd rhai'n synnu bod emynydd yn cael ei chynnwys mewn cyfrol am ferched 'gwyllt', ond o ddefnyddio'r diffiniad yn *Geiriadur Prifysgol Cymru* sy'n nodi un o ystyron 'gwyllt' fel 'gwresog, brwdfrydig, penboeth', roedd Ann Griffiths yn ferch wyllt iawn.

O ystyried mai dim ond 70 o benillion o'i gwaith sydd gennym i gofio amdani, mae'n rhyfedd meddwl bod y ferch fferm yma o gefn gwlad Maldwyn wedi cael y fath sylw. Ond nid penillion syml, ffwrdd-â-hi yw rhai Ann Griffiths, ond emynau sy'n cyfleu ei theimladau dyfnaf.

Cefndir tebyg i un cannoedd o ferched eraill cefn gwlad oedd ganddi. Roedd ei thad, John Evan Thomas, yn ffermwr digon da ei fyd ar fferm Dolwar Fach, ger Llanfihangel-yng-Ngwynfa, a ganwyd pump o blant iddo ef a'i wraig – tair o ferched a dau fab. Ann oedd yr ieuengaf o'r merched, a dim ond hi oedd yn dal gartref heb briodi pan fu farw ei mam ym 1794. Hi wedyn oedd meistres Dolwar Fach, ac er nad oedd ond dwy ar bymtheg oed, hi oedd yn gofalu am y tŷ a gwaith y morynion ac mae'n siŵr mai hi hefyd oedd yn trin y gwlân, elfen bwysig o waith y fferm. Roedd ei dau frawd yn dal i fyw gartref ar y pryd hefyd.

Aelwyd ddiwylliedig iawn oedd un Dolwar Fach, ac roedd John Evan Thomas ei hun yn dipyn o fardd. Mae cyfrol o farddoniaeth mewn llawysgrif a ddaeth o'r cartref yn dal ar gael yn y Llyfrgell Genedlaethol. Roedd hi'n

National Library of Wales. This was an area where neighbours would gather in each others' homes for evenings of poetry recitals, card playing etc. Ann's father was also a religious man, a faithful member of Llanfihangel-yng-Ngwynfa church and responsible for the family services at Dolwar Fach.

But what of Ann herself? Unfortunately, no portraits of her have survived, but there are many descriptions of her as a slightly haughty, taller-than-average woman. Her hair was dark above a high forehead, Roman nose, rosy cheeks and bright eyes. However, she was not in the best of health as she had suffered from rheumatic fever in her youth, and that had probably damaged her heart.

Her health may not have been robust, but her character was most definitely so. She was very lively and always at the centre of things, giving her all whatever she did. Many have suggested that Ann was a wanton, lascivious girl and that her sins were severe and numerous. It's quite possible that these stories are true, and that is an aspect of her character that many dramatists have dwelled upon – as it makes for a more exciting story, no doubt. There is no evidence to confirm these rumours, no more than there is regarding a tale that a particular man had broken her heart before she turned to religion. It seems that they were trying to create the strongest contrast possible in her character before and after her conversion to religion. Some may have also misunderstood her constant reference to her sins after her conversion.

The conversion itself happened around 1796 and it completely changed her life. This was a period when the Calvinistic Methodists were gaining a strong grip on the people of north Wales. Thomas Charles was at the height of his popularity at Bala, and preaching festivals were held there regularly.

ardal lle byddai pobl yn hel yng nghartrefi ei gilydd i gynnal nosweithiau o adrodd barddoniaeth, chwarae cardiau ac ati. Roedd y tad hefyd yn grefyddol, yn aelod ffyddlon o eglwys Llanfihangel-yng-Ngwynfa, a byddai'n cynnal gwasanaethau teuluol yn y cartref.

Ond sut un oedd Ann ei hun? Nid oes llun ohoni wedi goroesi, ond mae rhai disgrifiadau yn dweud ei bod yn dalach na'r cyffredin, ac ychydig bach yn fawreddog ei golwg. Gwallt hir, tywyll oedd ganddi, talcen uchel a thrwyn braidd yn fwaog. Yn ôl y disgrifiadau roedd ganddi fochau cochion a llygaid disglair. Doedd hi ddim yn ferch gref iawn gan iddi ddioddef llawer o glefyd y crydcymalau pan yn ifanc, ac mae'n debyg bod hynny wedi effeithio ar ei chalon.

Ond os oedd hi'n wantan o ran iechyd roedd ganddi gymeriad arbennig o gryf. Roedd hi'n fywiog, a bob amser yng nghanol pethau gan roi ei holl egni i bopeth a wnâi. Mae llawer wedi darlunio Ann fel rhyw hoeden ddiegwyddor pan oedd hi'n ifanc, a'i phechodau'n fawr a niferus. Mae'n ddigon posib fod y straeon yn wir, a dyna'r hanes mae dramodwyr wedi mynd ar ei ôl – am ei bod hi'n well stori, mae'n siŵr – ond does dim sail ffeithiol iddynt, nac i'r gred bod un gŵr wedi torri ei chalon ac mai dyna pam y trodd hi at grefydd. Mae'n debyg mai ceisio creu darlun o'r newid mwyaf posibl yn ei chymeriad yr oedd y rhai fu'n ei disgrifio fel tipyn o rafin. Efallai hefyd bod rhai wedi camddeall y pwyslais mawr mae hi'n roi ar ei phechodau wedi iddi gael profiad mawr ei bywyd.

Y profiad mawr hwnnw oedd cael tröedigaeth tua 1796 a newidiodd ei bywyd yn llwyr. Hwn oedd y cyfnod pan oedd Methodistiaeth yn cael gafael gwirioneddol ym mhobl gogledd Cymru. Roedd Thomas Charles yn ddylanwad mawr yn y Bala a chynhelid cyfarfodydd pregethu'n gyson.

During the Easter festivities of 1796, a fair was held at Llanfyllin and, as usual, people from all over north Montgomeryshire and beyond flocked there to enjoy one of the area's main social events. The Independent minister in the town, Jenkin Lewis, saw his opportunity and arranged for Benjamin Jones from Pwllheli to preach in front of the local pub for the duration of the fair, thus ensuring the largest audience possible.

It seems that Benjamin Jones's words on that day touched Ann and created a feeling of uneasiness in her, and from then on she searched tirelessly for answers to life's major questions. Having been brought up as a churchgoer, her first port of call was obviously the Church, but she found no answers there. In fact, there are suggestions that the Rector at the time was much more interested in Ann's body than her soul.

Her eldest brother, John, had turned to the Methodists who met at Pontrobert, not far from Dolwar Fach, and Ann decided that she would attend one of their meetings. Once there, she was mesmerised; at last, she had found a place where some of her questions could be answered. She immediately became a member of the Society (*y seiat*) at Pontrobert, and took a full part in their meetings. Society meetings were very different to our services today – the congregation was central to the Society, and each member would discuss his or her personal religious experiences.

At Pontrobert, Ann met John Hughes. He had been converted to the Methodists at around the same time as Ann, but she came to consider him as her mentor. He was the one she entrusted with her profoundest experiences and he gave her guidance. Profound is the only apt word to describe her experiences. John Hughes described later how Ann would suffer such deep angst because of the

Yn ystod Pasg 1796, roedd hi'n ffair yn Llanfyllin a byddai pobl o bob rhan o ogledd Sir Drefaldwyn a thu hwnt yn heidio yno i ganol y rhialtwch. Fe welodd Jenkin Lewis, pregethwr gyda'r Annibynwyr yno, ei gyfle a threfnodd i Benjamin Jones o Bwllheli ddod yno i bregethu dros gyfnod y ffair. Gosododd o i sefyll o flaen y dafarn leol er mwyn iddo gael y gynulleidfa fwyaf posibl.

Mae'n debyg bod rhywbeth a ddywedodd Benjamin Jones y diwrnod hwnnw wedi cyffwrdd ag Ann a'i gwneud yn anesmwyth. O hynny ymlaen roedd hi'n chwilio'n daer am atebion i gwestiynau mawr bywyd ac, yn ddigon naturiol, fe drodd at yr Eglwys gan mai yn y fan honno y magwyd hi, ond ni chafodd yr atebion yno. A dweud y gwir, mae awgrym yn yr hanes bod gan yr offeiriad fwy o ddiddordeb yn ei chorff nag yn ei henaid!

Erbyn hyn roedd ei brawd hynaf, John, wedi troi at y Methodistiaid a byddent yn cyfarfod ym Mhontrobert, heb fod ymhell o Ddolwar Fach. Penderfynodd Ann fynd yno i wrando arnynt un noson a chafodd ei chyfareddu; o'r diwedd, roedd hi wedi ffendio rhywle y gallai gael atebion i'w chwestiynau. Daeth yn aelod o'r seiat ym Mhontrobert yn syth a chymryd rhan lawn yn eu cyfarfodydd. Roeddynt yn wahanol iawn i'n pregethau ni heddiw – y gynulleidfa oedd yn ganolog i'r seiat, a byddai pawb yn sôn am ei brofiadau crefyddol personol ei hun.

Ym Mhontrobert y daeth Ann i adnabod gŵr o'r enw John Hughes. Roedd yntau wedi troi at y Methodistiaid tua'r un pryd â hi a daeth i'w ystyried fel cynghorydd iddi. Fo fyddai'n gwrando ar ei phrofiadau dyfnaf ac yn arwain ei meddwl. Grymus yw'r unig air i ddisgrifio'r profiadau hynny. Soniodd John Hughes fel y byddai hi yn aml iawn mewn cymaint o boen meddwl oherwydd cyflwr ei henaid ar ei ffordd adref o Bontrobert fel y byddai'n rhowlio ar y llawr mewn artaith llwyr. O weld y

state of her soul that on her way home from Pontrobert she would roll on the floor in complete agony. Seeing such behaviour, it would be easy to worry about Ann's mental well-being. But when she experienced her conversion and saw Christ as her saviour, her ecstasy made her act in exactly the same manner. She would suddenly break into song at any time during the day, publicly and in her bedroom at Dolwar Fach, and could be heard several fields away from the house.

From then on she would walk to Bala to the religious meetings on the Green, or *'Sasiwn'* as they were called. But the one aspect that made Ann different from others who had similar experiences was the fact that she composed stanzas and would recite them as she worked around the house. Only one actually written in her own hand survives; Ruth Evans, her maid, was responsible for keeping the remainder. She memorised them and recited them to John Hughes, who recorded them on paper. He eventually became Ruth's husband, and his work in keeping a record of Ann's hymns should be regarded as a substantial contribution to Welsh literature.

But although Ann found deep happiness in her religion, her life did not run smoothly. In 1804 her father died, leaving Dolwar Fach in the hands of Ann and her brother, John. Before the end of that year Ann had married Thomas Griffiths, a religious man from Meifod, who came to live with her at Dolwar Fach. In July 1805, they had a daughter, Elizabeth, but she was a sickly baby and before the end of the month had been buried in the cemetery at Llanfihangel-yng-Ngwynfa. It had all been too much for Ann, and a fortnight later she also died.

Ann Griffiths remains a respected figure in Welsh literature and history due to her hymns. In describing her

fath ymddygiad, byddai rhywun o'n cyfnod ni yn fwy tebygol o boeni am iechyd meddwl Ann nag am iechyd ei henaid. Pan ddaeth y dröedigaeth fawr iddi o weld Iesu Grist fel ei hachubwr, roedd ei gorfoledd yn gwneud iddi ymddwyn yn yr un modd yn union. Byddai'n torri allan i ganu a gorfoleddu drwy'r amser, yn gyhoeddus ac yn ei llofft ei hun yn Nolwar Fach. Roedd hi'n canu mor uchel nes bod modd ei chlywed sawl cae i ffwrdd o'r tŷ.

O hynny ymlaen, byddai'n teithio i'r Bala yn aml i'r Sasiynau mawr a gynhelid ar y Grîn yno. Ond yr hyn a'i gwnâi yn wahanol i eraill a gafodd yr un profiad oedd ei bod yn cyfansoddi penillion, a byddai'n eu hadrodd o gwmpas y tŷ. Un o'i phenillion yn unig sydd gennym yn ei llawysgrifen ei hun. Ei morwyn, Ruth Evans, a gadwodd y gweddill i ni, a hynny ar ei chof. Byddai Ruth yn eu hadrodd wrth John Hughes Pontrobert, a ddaeth yn ŵr iddi'n ddiweddarach. Fo wnaeth y gwaith mawr o ysgrifennu'r penillion er mwyn i Gymru gyfan gael eu gwerthfawrogi.

Er i Ann ddarganfod hapusrwydd mawr yn ei chrefydd, doedd bywyd ddim yn hawdd iddi o bell ffordd. Ym 1804 bu farw ei thad gan ei gadael hi a John, ei brawd, yn gyfrifol am Ddolwar Fach. Cyn diwedd y flwyddyn roedd hi wedi priodi Thomas Griffiths, gŵr crefyddol o blwyf Meifod, a daeth yntau ati i Ddolwar Fach i fyw. Ym mis Gorffennaf 1805 ganed merch fach iddynt, Elizabeth, ond babi bach gwanllyd iawn oedd hi a chyn diwedd y mis roedd wedi ei chladdu ym mynwent Llanfihangel-yng-Ngwynfa. Bu'r cyfan yn ormod i Ann, a phythefnos yn ddiweddarach bu hithau farw.

Trwy gyfrwng ei hemynau yr anfarwolwyd Ann Griffiths i ni'r Cymry. Wrth ddisgrifio'i phrofiadau dyfnaf mae Ann yn dal i gyffwrdd pobl hyd heddiw ac mae'r

most profound experiences, Ann can still touch people today, and this stanza conveys her life and her legacy:

> *O na chawn i dreulio 'nyddiau'n*
> *fywyd o ddyrchafu'i waed,*
> *llechu'n dawel dan ei gysgod,*
> *byw a marw wrth ei draed;*
> *caru'r groes a phara i'w chodi*
> *am mai croes fy Mhriod yw,*
> *ymddifyrru yn ei Berson,*
> *a'i addoli byth yn Dduw.*

> Let my days be wholly given
> Jesus' blood to glorify,
> Calm to rest beneath his shadow,
> At his feet to live and die,
> Love the cross, and bear it daily,
> ('Tis the cross my Husband bore,)
> Gaze with joy upon his Person
> And unceasingly adore.

> (Translated by H. A. Hodges)

pennill isod yn dweud y cyfan am ei bywyd a'i hetifeddiaeth:

> O na chawn i dreulio 'nyddiau'n
>   fywyd o ddyrchafu ei waed;
> llechu'n dawel dan ei gysgod,
>   byw a marw wrth ei draed;
> caru'r groes, a phara i'w chodi
>   am mai croes fy Mhriod yw,
> ymddifyrru yn ei Berson
>   a'i addoli byth yn Dduw.

Alabina Wood

Alabina Wood

1778–1848
Gypsy

The sight of colourful caravans with a host of gypsies, their children and dogs was a familiar one along country lanes years ago. Although we tend to think of 'travellers' today in a rather derogatory manner, this was not true in the past. The Gypsies of Romany blood possessed a certain dignity that bordered on the aristocratic. It is said that they came originally from India, and the colour of their skin and some words in the Romany language tend to confirm this. Some of those words have survived, but it is unfortunate that the word 'chav' seems to have been hijacked and given a new meaning, as it is the Romany word for boy or friend. They had their own strict way of life and rules, especially regarding cleanliness and their care for each other, and they saw the *Gajé* (everyone who was not of Gypsy blood) as very dirty and strange people. They would journey from camp to camp and, in winter, from barn to barn, the family sleeping at one end of the barn and the animals at the other.

Each family was led by a man, and his judgement would be final if any dispute arose, but the real power lay with the *phuri dai* (old woman); the family's leader would always ask her opinion and, more often than not, it would be followed. Women were also mainly responsible for creating income for the families and were usually in complete control of the money. The men only

Alabina Wood
1778–1848
Sipsi

Roedd gweld carafanau lliwgar, a chriw o sipsiwn a phlant a chŵn yn eu dilyn, yn olygfa gyfarwydd hyd ffyrdd y wlad ers talwm. Er ein bod ni heddiw yn dueddol o fod yn ddilornus o 'deithwyr', nid felly roedd hi flynyddoedd yn ôl. Roedd rhyw urddas uchelwrol, bron, o gwmpas y Sipsiwn o waed Romani. Credir mai o'r India y daethon nhw'n wreiddiol ac mae lliw eu croen ac ambell air yn yr iaith Romani yn cadarnhau hynny. Anffodus iawn yw ystyr y gair 'chav' yn Saesneg bellach, gan mai gair y Romani am fachgen neu gyfaill oedd o'n wreiddiol – ac mae'r cyfarchiad 'Sumâi chaf' yn dal i gael ei ddefnyddio heddiw yn ardal Dolgellau yn sgil eu dylanwad. Roedd ganddynt eu ffordd o fyw a'u rheolau caeth eu hunain, yn arbennig o ran glanweithdra a gofal am ei gilydd, ac roeddent yn gweld y *Gajé* (pawb nad oedd o dras y Sipsi) yn bobl fudr a rhyfedd iawn. Byddent yn crwydro'r wlad o wersyll i wersyll ac o sgubor i sgubor yn y gaeaf – y bobl yn un pen i'r sgubor a'r anifeiliaid yn y pen arall.

Dyn fyddai'n bennaeth ar bob teulu, a byddai ei farn yn derfynol petai anghydfod yn codi, ond roedd y grym mewn gwirionedd gan y *phuri dai*, sef 'hen wraig'. Byddai pennaeth y teulu yn gofyn ei barn hi bob amser ac, yn amlach na pheidio, hwnnw fyddai'n cario'r dydd. Merched hefyd fyddai'n bennaf gyfrifol am greu incwm i'r teuluoedd, ac yn sicr nhw oedd yng ngofal yr arian.

received a little pocket money now and then, just in case they would waste it all!

The names of the majority of Gypsies have long since disappeared and only a few surnames remain, such as Boswell and Ingram, but mainly the name Wood. This name became synonymous with all the Gypsies, in fact; they were often referred to in Wales as *'Teulu Abram Wood'* (Abraham Wood's family). Alabina was a granddaughter of Abraham Wood himself and her name is also remembered in folklore, with stanzas written about her still recited in the Llanuwchllyn area. Alabina is not pictured in a very favourable light; she is compared to an ape and as someone who cheated and 'bewitched' people.

Several descriptions of Alabina have survived. She is usually pictured as a very short woman, and that explains the pseudonym often used for her: *'Alabina Bwt'* (*bwt*, or *pwt* = tiny). John Sampson, who recorded the Gypsy traditions and history, wrote a description of her:

> A tiny personage, with beautifully chiselled features, small mouth, Grecian nose, coal-black hair, and very tawny skin.

But if she was small of stature he also emphasised her 'dominating and awe-inspiring personality' that could instil fear in anyone who met her. The descriptions given by Gwen Davies, a lady from Dyffryn Nantlle, are also very revealing. She remembered,

> … large earrings, tawny, with jet black hair hanging down and inclined to curl. She had beautiful features, a small mouth, a Grecian nose, perfectly straight and glittering black eyes that went through you. She wore a frock of a large red, green and black check and had beads about her neck.

Ychydig o bres poced bob hyn a hyn gâi'r dynion, rhag ofn iddyn nhw ei wario i gyd!

Erbyn hyn mae enwau'r mwyafrif o Sipsiwn wedi hen fynd yn angof. Dim ond rhai cyfenwau sy'n aros yn y cof, rhai fel Boswell ac Ingram, ond yn bennaf oll yr enw Wood. Datblygodd enw'r teulu yma yn enw ar y Sipsiwn i gyd mewn gwirionedd, a chyfeirid atyn nhw fel 'Teulu Abram Wood'. Wyres i Abram oedd Alabina, ac mae ei henw hithau ar gof a chadw. Mae'r ffaith bod englynion a sgwennwyd iddi bron ddwy ganrif yn ôl yn dal yn fyw yn y traddodiad llafar yn dangos iddi wneud cryn argraff yn ei chyfnod. Dyma dri englyn o ardal Llanuwchllyn:

> Wele ben Alabina – 'run ael,
>   'Run olwg â'r epa;
>   I dwyllo gan ruo 'r â
>   Tan y nos, i'r tai nesa.
>
> Tudur Llwyd

> Wele ben Alabina – 'n un clap,
>   Yn clepian am fara;
>   A hyn yn wir heno wna
>   Y ffolen, ac mi ffaelia.
>
> Eos Cynllwyd

> Wele ben Alabina 'n mynd allan
>   I dwyllo hil Efa,
>   A dyna'i swydd ar hyd yr ha
>   A witsio yn y gaea.
>
> Robin Siôn

Er nad ydi'r farddoniaeth yn aruchel, mae'n rhoi darlun da o ddelwedd y wraig ryfeddol hon a'r ofn y gallai hi ei greu mewn pobl.

Mae sawl disgrifiad o Alabina wedi goroesi, ac yn ôl y

Gwen Davies portrayed Albania's character in great detail, stating that she would never consider treating her like a tramp and that she would never beg in any case.

> People looked up to her, she was quite aristocratic and had an air of refinement in speaking. There was a dignity about her that kept her at a distance: she was on friendly terms but kept quite aloof. She was more intelligent than the villagers.

There was a particular charm to Alabina and the description fits in with our image of the traditional Gypsy.

She managed to work her charms on a farmer's son from the Llŷn Peninsula, William Jones. He was a tall man (gigantic and rather uncouth, according to some) who saw Alabina for the first time when the family arrived at the family farm to ask for a place to stay. He agreed as long as they would give him a concert with their violins that night.

Wil became totally bewitched by Alabina, but a marriage between a Gypsy and a *Gajé* was frowned upon and his appeal fell on deaf ears on that first visit. But eventually she did marry Wil, and from then on he would travel with the family for long periods of time. The Gypsies called him '*Wil y Cŵn*' (Wil of the Dogs) as so many dogs always followed him. He would disappear for long periods – and was known to have been unfaithful to Alabina on several occasions – but whenever he returned, with his dogs at his heels, she would accept him back, thus proving the old belief that if the Gypsies accepted a *Gajé* he could be certain of their loyalty for the rest of his life.

But Wil was never completely accepted by the Gypsies and they would retell the following story to show that he was still a *Gajé* at heart. One quiet evening Alabina, her

rheiny roedd hi'n hynod o fyr; dyna pam mai 'Alabina Bwt' oedd ei ffugenw. Disgrifiwyd hi gan John Sampson, un a wnaeth lawer iawn i drosglwyddo hanesion a diwylliant y Sipsiwn i ni, fel hyn:

Gwraig fechan iawn, a'i wyneb wedi ei ffurfio'n hardd iawn, ceg fechan, trwyn Groegaidd, gwallt mor ddu â'r frân, a chroen melynddu.

Ond os mai bychan oedd hi o ran taldra, fe ddywedodd hefyd fod ganddi bersonoliaeth gref oedd yn ennyn parchedig ofn yn y bobl fyddai'n ei chyfarfod.

Mae disgrifiadau gwraig o Ddyffryn Nantlle ohoni yn ddadlennol iawn. Cofiai Gwen Davies ei chlustdlysau mawr; ffrog gyda phatrwm bras o sgwariau coch, gwyrdd a du; mwclis am ei gwddw; gwallt du oedd yn dueddol o gyrlio, a llygaid duon disglair oedd yn treiddio trwoch. Darluniodd gymeriad Alabina yn fyw iawn hefyd, gan nodi na fyddai neb fyth yn ystyried ei thrin fel tramp ac na fyddai byth yn begera beth bynnag. Nododd bod urddas arbennig iddi, a'i bod yn fwy deallus na'r pentrefwyr – a phwysleisiodd hefyd na fyddai neb fyth yn ystyried pechu yn ei herbyn. Roedd hud arbennig i'r sipsi hon ac mae'r disgrifiad ohoni yn ddarlun perffaith o'r argraff sydd gennym ni i gyd o sipsi draddodiadol.

Llwyddodd i fwrw ei hud ar un mab fferm o Ben Llŷn o'r enw William Jones. Roedd yn llabwst o ddyn mawr, garw, ac fe welodd o Alabina am y tro cyntaf pan gyrhaeddodd y sipsiwn fferm ei rieni a gofyn am le i aros. Cytunwyd, ar yr amod eu bod yn rhoi cyngerdd iddo ar eu ffidlau y noson honno. Aeth Alabina â bryd Wil yn llwyr, ond roedd yn groes i'r graen i unrhyw Sipsi briodi *Gajé* ac ni lwyddodd i'w darbwyllo ar yr ymweliad cyntaf hwnnw. Ond priodi Wil fu ei hanes yn y diwedd ac, o hynny ymlaen, byddai yntau'n cyd-deithio hefo'r teulu

brother, Jeremiah, and a local wizard were trying to attract the fairies to a circle in the woods. They had been there, concentrating hard, for ages and silence was imperative to the process when Wil suddenly marched across the circle in his heavy boots shouting, 'Where are these damned fairies?' The spell was destroyed and the fairies fled in fright.

The Gypsies were renowned for their ability to cheat the *Gajé* with their quick thinking. They often used a plot that led their unsuspecting targets to believe that they could make a great deal of money if they gave a small amount to the Gypsies. But the money would disappear every time, and the Gypsies with it. Fortune-telling was also a lucrative occupation; some would read palms, others would read cards but, according to her family, Alabina would read faces, and when we remember those piercing eyes that could frighten anyone, it can easily be believed.

Alabina became the leader of her family, a *phuri dai*, and everyone would turn to her for advice. She was famous for the quality of her Welsh and she insisted on speaking the language as correctly as possible at all times. Although she had dignity and was respected, some stories suggest a quite different aspect to her character. She once took possession of a house in Pencaenewydd, near Pwllheli, and threw out the woman of the house and the maid. When the husband arrived home he could see Alabina sitting comfortably by the fire. He took hold of her and pushed her through the door although she was threatening him with all sorts of evil spells. Apparently the spells had no effect and his bravery in challenging the might of the Gypsies bore no ill effects.

Alabina died at Tanrallt, near Caernarfon, and was buried in Llanbeblig cemetery in 1848. Although Wil y

am gyfnodau maith. Rhoddodd y Sipsiwn yr enw 'Wil y Cŵn' arno am fod cynifer o gŵn yn ei ddilyn b̃ob amser. Byddai'n diflannu am gyfnodau hir, a bu'n anffyddlon i Alabina sawl tro. Ond pryd bynnag y deuai adref, â'i gŵn wrth ei sawdl, byddai Alabina yn ei dderbyn yn ôl, gan brofi'r hen gred y byddai *Gajé*, o gael ei dderbyn unwaith gan y Sipsiwn, yn siŵr o'u ffyddlondeb am weddill ei oes.

Ond chafodd Wil erioed mo'i dderbyn yn llawn gan y Sipsiwn a byddent yn adrodd y stori hon i ddangos un mor wahanol oedd o iddyn nhw o ran anian. Un noson dawel roedd Alabina a'i brawd, Jeremiah, a dewin lleol yn ceisio denu'r tylwyth teg i gylch yn y coed. Roeddent wedi bod wrthi'n canolbwyntio ar y gwaith ers meitin, a thawelwch yn hollbwysig i'r broses, pan frasgamodd Wil yno yn ei esgidiau trwm gan weiddi, 'Ble mae'r tylwyth teg melltigedig yma?' Chwalwyd yr hud yn llwyr a welwyd mo'r tylwyth teg.

Roedd y Sipsiwn yn enwog am lwyddo i dwyllo'r *Gajé* â'u clyfrwch, ac yn aml iawn defnyddient gynllwyn fyddai'n arwain pobl i feddwl y gallent wneud llawer iawn o arian wrth roi cyfraniad i'r Sipsiwn. Diflannu fyddai'r arian bob tro, a'r Sipsiwn yn ei sgil. Byddent yn gwneud arian hefyd trwy ragweld y dyfodol: rhai'n darllen dwylo ac eraill yn darllen cardiau. Ond, yn ôl ei theulu, darllen wynebau fyddai Alabina, ac o ystyried y llygaid treiddgar oedd ganddi mae'n siŵr bod hynny'n ddigon i godi ofn ar unrhyw un.

Daeth yn bennaeth ar ei theulu, yn *phuri dai*, a byddai pawb yn troi ati am gyngor. Roedd hi'n enwog hefyd am safon ei Chymraeg, a mynnai siarad yr iaith yn hollol gywir bob amser. Ond, er ei hurddas a'r parch oedd iddi, mae ambell stori yn rhoi darlun digon gwahanol ohoni. Roedd hi wedi meddiannu tŷ ym Mhencaenewydd un tro

Cŵn remarried after her death, he insisted on being buried beside her in Llanbeblig. Alabina was his one true love, and as he said himself: 'I loved her more than I love Jesus Christ.'

ac wedi hel y wraig a'r forwyn allan. Pan gyrhaeddodd y gŵr adref, pwy a welai'n eistedd yn gyfforddus o flaen y tân ond Alabina. Cydiodd ynddi a'i gwthio allan trwy'r drws, er ei bod yn bygwth pob math o swynion a rheibiau arno. Mae'n debyg na wireddwyd ei bygythion ac nad oedd gŵr y tŷ flewyn gwaeth er iddo herio swyn y Sipsiwn.

Bu farw Alabina yn Nhanrallt, ger Caernarfon, a'i chladdu ym mynwent Llanbeblig ym 1848. Er i Wil Cŵn ailbriodi ar ôl ei marwolaeth, fe fynnodd gael ei gladdu wrth ei hochr. Alabina oedd ei wir gariad ac fe ddywedodd ef ei hun, 'Roeddwn yn ei charu hi'n fwy nag Iesu Grist.'

Betsi Cadwaladr

Betsy Cadwaladr

1789 – 1860
Crimea nurse and traveller

Although Betsy Cadwaladr spent only ten months nursing at the Crimea, it is mainly for this short period that she is remembered. But her whole life was full of adventure, and many would say that she deserves more recognition than Florence Nightingale, her more famous colleague.

Betsy was born on a smallholding, Penrhiw, on the outskirts of Bala, near the road leading to Trawsfynydd. She was the daughter of Dafydd Cadwaladr, a lay preacher with the Calvinistic Methodists, and his wife, Judith. She was one of a large family of sixteen children – so large that Betsy did not even recognise her eldest sister when they met in India! Her relationship with her mother was very close; she was the apple of her eye, and when she died, Betsy herself wished to die too, although she was only about six years old at the time. Thomas Charles, the famous Calvinistic Methodist minister from Bala, managed to change her mind.

Betsy was a lively, boisterous child who loved to climb trees, ride horses and especially to dance – and she landed herself in a great deal of trouble because of it. On one occasion, on seeing an Englishwoman dancing in an ungainly manner, she jumped through the window of the Lion Hotel in Bala to show her how to step properly. The select company there were so taken by her that she was sent to a tailor in Bala to be fitted for a new dancing outfit. She rushed home to show her new finery to her

Betsi Cadwaladr

1789–1860

Nyrs yn y Crimea a theithwraig

Er mai dim ond am ddeng mis y bu Betsi Cadwaladr yn nyrsio yn y Crimea, am hynny yn bennaf y byddwn yn ei chofio. Ond roedd ei bywyd i gyd yn un llawn antur a hwyl, a byddai rhai'n dweud ei bod hi'n fwy o ddynes o lawer na Florence Nightingale!

Ganed Betsi ar dyddyn Penrhiw, tyddyn bach ar ben y bryn sy'n dringo allan o'r Bala i gyfeiriad Trawsfynydd. Roedd yn ferch i Dafydd Cadwaladr, pregethwr efo'r Methodistiaid Calfinaidd, a'i wraig, Judith. Roedd yn un o deulu mawr o un ar bymtheg o blant – teulu mor fawr fel nad adnabu Betsi ei chwaer hynaf pan gyfarfu â hi yn yr India! Roedd ganddi berthynas arbennig iawn efo'i mam, yn gannwyll ei llygad, ac wedi ei marwolaeth roedd Betsi'n dymuno marw hefyd er mai dim ond rhyw chwech oed oedd hi ar y pryd. Thomas Charles o'r Bala a'i darbwyllodd i beidio â meddwl am y fath beth.

Roedd Betsi'n gymeriad bywiog, yn arbennig o hoff o ddringo coed, marchogaeth ceffylau a dawnsio, ac aeth i helyntion difrifol oherwydd ei hoffter o ddawnsio. Un tro, pan welodd ryw Saesnes yn stepio'n flêr, neidiodd trwy ffenest gwesty'r Lion yn y Bala a dangos iddi sut i ddawnsio'n iawn. Roedd y criw dethol oedd yno wedi gwirioni cymaint arni fel iddynt ei hanfon at deiliwr yn y Bala i gael gwisg newydd i ddawnsio ynddi. Rhuthrodd adref wedyn i ddangos ei dillad newydd i'w chwaer, Gwenllian, oedd yn cadw'r tŷ erbyn hynny, ond mynnodd

sister, Gwenllian, who cared for the family after their mother's death, but she insisted that all the clothes be returned and gave Betsy a thorough beating. On another occasion, when her father saw her at a dance in one of the inns in Bala, and asked why she was doing such a despicable thing, she replied by saying that when she heard music playing, 'Something itches in my feet and I can't keep them still.'

Betsy's school days weren't very happy and the teacher was not very helpful, to say the least. On one occasion he threw his cane at her in anger and she immediately threw it back at him. That was her character – she was not afraid of fighting her corner, having been forced to do so from a very early age. When her fiancée, who obviously did not appreciate her fiery nature, told her that he would soon be the master, he was pushed unceremoniously down a steep bank. He forgave Betsy, but she never forgave him and the marriage was cancelled.

When only nine years old, Betsy ran away from home to work for the family of Simon Lloyd of Plas yn Dref, Bala, probably to escape her sister's domineering ways. Although she was well treated there, at the age of fourteen she decided that she wanted to see more of the world and she left for her aunt's house in Chester. After a stern lecture, her aunt gave her some money and sent her home, but Betsy used the money to travel in the other direction – towards Liverpool.

Once there, she worked at various houses as a maid, gaining respect and experiencing a few adventures on her way. She rugby-tackled one thief as he ran away from her, and she gave one mistress a severe beating for treating her badly, but even after the beating the mistress pleaded with Betsy to stay with her. The period she spent with the family of a Lord and his wife was the most interesting of

honno ei bod yn rhoi'r dillad crand i gyd yn ôl, ac ar ben hynny rhoddodd goblyn o gweir iddi. Dro arall daliodd ei thad hi mewn dawns yn un o dafarnau'r Bala a gofyn iddi pam ei bod yn gwneud y fath beth. Atebodd hithau, 'Mae rhywbeth yn cosi fy nhraed a fedra i ddim eu cadw'n llonydd wrth glywed cerddoriaeth.'

Doedd pethau ddim yn hawdd iawn i Betsi yn yr ysgol chwaith, a'r athro yn fwy o rwystr nag o help iddi. Taflodd ei gansen ati yn ei wylltineb ryw ddiwrnod a thaflodd Betsi hi'n ôl ato. Un felly oedd hi, fel y profodd weddill ei hoes. Doedd ganddi ddim blewyn o ofn edrych ar ôl ei hawliau – roedd wedi gorfod gwneud hynny erioed. Pan ddywedodd rhyw greadur gwirion, oedd wedi trefnu i'w phriodi, wrthi mai fo fyddai ei meistr mewn dau ddiwrnod, gwthiodd ef yn ddiseremoni i lawr llechwedd. Er iddo faddau i Betsi, wnaeth hi byth faddau iddo fo a chanslwyd y briodas.

Mae'n debyg mai oherwydd ei bod wedi cael digon ar ei chwaer yn ei rheoli a'i beio am bob dim y dihangodd, pan yn naw oed, i weithio i deulu Simon Llwyd ym Mhlas yn Dref, y Bala. Er iddi gael cartref da yno, penderfynodd pan oedd hi tua pedair ar ddeg oed ei bod am weld mwy o'r byd a chychwynnodd ar ei thaith am Gaer i dŷ ei modryb. Rhoddodd honno ddarlith iddi ac arian i deithio adref, ond trodd Betsi i'r cyfeiriad arall ac anelu am Lerpwl.

Yno, aeth o un swydd weini i'r llall, gan lwyddo i ennill parch a chael ambell antur. Rhoddodd goblyn o dacl i ryw leidr wrth i hwnnw geisio rhedeg i ffwrdd oddi wrthi, a rhoddodd gweir iawn i un feistres am ei thrin yn wael, er i honno ymbil arni i aros efo hi. Ond ei chyfnod gyda theulu Arglwydd a'i wraig oedd y cyfnod mwyaf difyr yn ei hanes. Treuliodd gyfnod yn yr Alban gyda nhw a mynnu dilyn helfa ar geffyl a roddwyd iddi gan y gwas. A hithau'n gwisgo dillad reidio ei meistres, aeth y ceffyl yn

her life. She spent some time in Scotland with them and insisted on following the hunt on a horse loaned to her by a servant. Wearing her mistress's riding habit she suddenly lost control of the horse when it started galloping wildly, dragging her through hawthorn and brambles until her mistress's clothes were in ribbons and Betsy herself covered in scratches, but everyone laughed with her, even her mistress.

The family went on a grand tour to Europe, through Paris, down to Spain and then as far as Italy. These were troubled times on the Continent but the family managed to see King Louis XVIII parading into Paris. When a grand ball was held to celebrate his return, Betsy succeeded in finding her way in with one of the other maids – Betsy dressed as a gentleman and the other maid as her wife – and nobody recognised them.

A striking feature of her autobiography is the number of men who proposed to her. She accepted at least two proposals – the gentleman who was pushed so unceremoniously down the slope in Chester, and Captain Harris. He had bought them a house in Liverpool and all the arrangements for the wedding had been finalised, but he was drowned in a shipwreck on his way back to Liverpool to marry her. This became a major turning point in Betsy's life, this and the fact that her father had refused his permission for her to travel to India with the Lord's family.

Betsy fled to London, where she was employed by a family who owned land in the Caribbean and she sailed there with them as a nanny for their son. But it was her next post that took her all over the world. She was responsible for the cabins and welfare of the travellers on her master's ship, the *Denmark Hill*. It was a merchant ship, travelling the world and transporting goods and

wyllt a'i thynnu trwy'r drain a'r mieri nes bod y dillad yn rhacs gyrbibion a hithau'n grafiadau drosti, ond chwerthin gyda hi wnaeth pawb, hyd yn oed y feistres.

Dro arall aeth y teulu ar daith fawr i Ewrop, trwy Baris i lawr i Sbaen a chyn belled â'r Eidal. Digwyddai fod yn amser cythryblus ar y cyfandir, ond cawsant weld y Brenin Louis XVIII yn cael ei groesawu'n ôl i Baris. Pan gynhaliwyd dawns fawr i ddathlu ei ddychweliad, sleifiodd Betsi yno efo un o'r morwynion eraill – Betsi wedi ei gwisgo fel gŵr bonheddig a'r forwyn fel ei wraig, a wnaeth neb eu hadnabod.

Un nodwedd amlwg yn hunangofiant Betsi yw'r holl ddynion a ofynnodd iddi eu priodi, ac fe addawodd fod yn wraig i o leiaf ddau ohonyn nhw – yr un a wthiwyd mor ddiseremoni i lawr llechwedd yng Nghaer, a'r llall oedd Capten Harris. Roedd o wedi prynu tŷ iddyn nhw yn Lerpwl a gwneud y trefniadau i gyd gogyfer â'r briodas, ond fe'i boddwyd mewn llongddrylliad ar ei ffordd yn ôl i Lerpwl i'w phriodi. Bu hynny'n drobwynt ym mywyd Betsi – hynny a'r ffaith bod ei thad wedi gwrthod gadael iddi fynd i'r India efo teulu'r Arglwydd.

Wedi ffoi i Lundain, cafodd Betsi waith gyda theulu oedd â thiroedd yn y Caribî, a theithiodd yno efo nhw i edrych ar ôl eu mab. Ond ei swydd nesaf aeth â hi i bob rhan o'r byd. Hi oedd yn gyfrifol am y cabanau a lles y teithwyr ar long ei meistr, y *Denmark Hill*. Llong fasnach oedd honno, yn teithio'r byd gan gludo nwyddau a theithwyr yn ôl y gofyn. Treuliodd fisoedd yn teithio rhwng Hobart, Sidney, China, India, Mauritius, Siam, Singapore a Burma ac yna aeth ar daith i Rio de Janeiro, heibio Seland Newydd, Periw a'r Ariannin. Mae ganddi ddisgrifiadau manwl o'i chyfnod yn Rio de Janeiro, yn cynnwys ei hanes yn cael ei chipio gan ŵr o'r enw

passengers as required. She spent several months travelling between Hobart, Sydney, China, India, Mauritius, Siam, Singapore and Burma and then she sailed to Rio de Janeiro past New Zealand, Peru and Argentina. In Rio de Janeiro, she was kidnapped by a man named Barbosa who intended to marry her, but Betsy managed to flee from his grasp.

She then travelled to South Africa and around the Mediterranean ports before sailing again for Australia, India and China. Betsy's descriptions of her travels read like a novel, so much so that at times we must surmise that her imagination has added a great deal of colour to her story. It is difficult, for example, to believe the description of her journey on an elephant through Burma – with no-one leading, only men whispering instructions in the elephant's ears before they set off each morning.

In September 1834, Betsy returned to London. She had made quite a bit of money on her journeys but lost it all when cheated by a rogue in London. She had no choice but to start all over again and she was employed as a maid for a gentleman running a large office in London. Although he left Betsy thousands of pounds in his will, his family insisted that it was not valid and she was left again without a penny.

She had no option but to start all over yet again. This time she was employed as a nurse at Guy's Hospital, and then she nursed people in their homes whilst living with her sister Bridget in London.

But, in 1854, she read about the Alma battle in the Crimean war and the appeal for nurses to work there. Although she was now over sixty years old, the temptation offered by yet another adventure was too strong. She set out on 1 December 1854, reaching the vicinity of the war on the eighteenth of the same month.

Barbosa, oedd wedi gobeithio ei phriodi, ond ffoi ar draws y caeau wnaeth Betsi.

Teithiodd wedyn i Dde Affrica ac o gwmpas porthladdoedd Môr y Canoldir cyn mynd yn ôl am Awstralia, India a China. Mae ei hanturiaethau'n darllen fel nofel, cymaint felly weithiau nes gwneud i chi amau a yw ei dychymyg wedi gorliwio'r disgrifiadau. Anodd iawn yw credu ei disgrifiad o'i thaith ar gefn eliffant i ddanfon tair gwraig adref trwy Burma heb neb yn eu harwain, dim ond dynion yn sibrwd yng nghlustiau'r eliffantod bob bore i ddweud wrthynt ble i fynd.

Ym mis Medi 1834 cyrhaeddodd Betsi'n ôl yn Llundain eto. Roedd hi wedi gwneud cryn dipyn o arian ar ei thaith, ond fe gollodd y cyfan pan dwyllwyd hi gan rhyw rôg. Doedd dim amdani, felly, ond dechrau o'r dechrau eto! Llwyddodd i gael swydd yn gweini ar ŵr bonheddig oedd yn rhedeg swyddfa fawr yn Llundain. Er i hwnnw adael gwerth miloedd o bunnau i Betsi yn ei ewyllys, mynnodd ei deulu nad oedd yr ewyllys yn un ddilys a gadawyd hi heb yr un geiniog.

Cychwyn eto oedd raid, felly. Penderfynodd Betsi fynd i nyrsio i Ysbyty Guy's, ac yna bu'n nyrsio pobl yn eu cartrefi, gan fyw gyda'i chwaer, Bridget, yn Llundain.

Yn 1854 darllenodd hanes brwydr Alma yn y Crimea, a'r apêl am nyrsys i weithio yno. Er ei bod dros ei thrigain oed erbyn hyn, roedd y demtasiwn am antur arall yn ormod. Cychwynnodd ar y daith ar 1 Rhagfyr 1854, gan gyrraedd ar 18 Rhagfyr. Ond wedi cyrraedd ardal y brwydro, rhwystredigaeth oedd yn ei hwynebu. Roedd gormod o nyrsys wedi eu hanfon yno, er mai rhyw nyrsys digon gwael oedd llawer ohonyn nhw – ym marn ddiflewyn-ar-dafod Betsi, hynny yw. Eironi'r sefyllfa iddi hi oedd bod criw o nyrsys profiadol yn cael eu cadw i ffwrdd o'r Crimea a'u gorfodi i drwsio crysau a swyddi di-

But frustration awaited her as she could not secure permission to travel to the hospital – where she was really needed – for a long, long while. Even when she got on her way, things were no better as she was not allowed to care for the soldiers in what she considered to be an appropriate manner. She insisted that she would travel on, closer to the battle at Balaclava. She had to face the opposition of Florence Nightingale herself before she could do so but, of course, Betsy was in no way in awe of the great woman, and told her so in no uncertain terms.

Betsy described the scenes when she reached Balaclava in detail: she saw soldiers with such bad cases of frostbite that their toes fell off, and maggots flourished in the wounds of the injured – all because they were not given enough care. Betsy and the nurses with her soon regained order, earning the praise of army leaders and the envy of Florence Nightingale – according to Betsy!

Life was hard; Betsy worked long hours, from six in the morning until midnight, but was always ready to get up in the night if someone needed extra care. Unsurprisingly, this became too much for her and she herself became ill. Florence Nightingale came to see her and insisted that she should go on holiday to recover, at Miss Nightingale's expense. But Betsy was intent on going home, and she did so in October 1855.

When her autobiography was published in 1857, an appeal appeared on the last page stating that Betsy was looking for work, and also inviting readers to send contributions so that she could live in comfort in her last years. We have no information as to the success of the appeal, but on 17 July 1860, Betsy died in her sister's house in London, in poverty.

ddim felly, tra bod merched dibrofiad yn gwneud y gwaith nyrsio go iawn.

Doedd Betsi ddim yn un oedd yn mynd i dderbyn y sefyllfa'n dawel, felly mynnodd gael mynd fel nyrs i'r ysbyty yn Balaclafa. Rhaid oedd iddi wynebu gwrthwynebiad Florence Nightingale ei hun cyn medru gwneud hynny ond, wrth gwrs, doedd gan Betsi ddim llwchyn o'i hofn hi ac fe ddwedodd hynny wrthi yn ddigon plaen.

Disgrifiodd Betsi'r hyn a welodd pan gyrhaeddodd Balaclafa yn fanwl – milwr â llosg eira mor ddrwg nes bod bodiau ei draed yn cwympo i ffwrdd, a chynrhon yn berwi ym mriwiau llawer o'r cleifion – a'r cwbl am nad oeddynt wedi cael digon o sylw. Fu Betsi a'r nyrsys oedd gyda hi fawr o dro yn cael trefn yno, gan ennyn clod gan arweinwyr y fyddin a chenfigen Florence Nightingale – yn ôl Betsi, o leiaf!

Roedd bywyd yn galed yno a gweithiai Betsi oriau maith, o chwech o'r gloch y bore hyd hanner nos, ond roedd hi wastad yn barod i godi wedyn os byddai unrhyw un angen sylw arbennig. Bu'r cwbl yn ormod iddi yn y pen draw ac aeth yn wael. Daeth Florence Nightingale yno i fynnu ei bod yn mynd ar wyliau i adfer ei hiechyd, a hynny ar gost Florence ei hun. Ond nid oedd dim yn tycio; roedd Betsi'n benderfynol o ddychwelyd adref, a gwnaeth hynny ym mis Hydref 1855.

Pan gyhoeddwyd ei hunangofiant ym 1857, rhoddwyd apêl ar y dudalen olaf yn nodi bod Betsi yn chwilio am waith, a gwahoddwyd y darllenwyr i anfon cyfraniadau ati i esmwytho ychydig ar ei blynyddoedd olaf. Nid oes unrhyw wybodaeth pa mor llwyddiannus fu'r apêl honno, ond ar 17 Gorffennaf 1860 bu Betsi farw mewn tlodi yn nhŷ ei chwaer yn Llundain.

Merched Beca

Rebecca and her Daughters

1839–1843

It could be said that this band of 'women' is amongst the most famous in Welsh history but, ironically, they were not women at all.

It all began in 1839, a period of great difficulty for Welsh farmers. Not only were their rents raised substantially but the church also insisted that they paid their tithe in cash. This was calculated as 10% of all income and was meant to be a church membership fee. But by this period, only around a quarter of the population of Wales actually attended the Anglican Church – most were chapelgoers – but they still had to pay their tithes to the church. A series of very poor harvests increased their hardship, so the series of tollgates that suddenly dotted the countryside epitomised all their suffering.

The upkeep of the roads was not the responsibility of Local Authorities at that time but was in the hands of local companies, the Turnpike Trusts. They would build tollgates on their own stretch of road so that every road-user had to contribute towards their upkeep. But, as many different companies operated on various parts of the road, some tollgates were very close together. Greedy owners led to further problems as they abused the system, insisting on extortionate tolls without spending any of the money on maintaining the roads. Although the trusts were mainly run by local people, these tended to be from the higher classes. – the very same people who had

Merched Beca

1839–1843

Mae'n debyg bod y criw yma o 'ferched' ymhlith y rhai enwocaf yn hanes Cymru. Yr eironi, wrth gwrs, yw nad merched oedden nhw o gwbl!

Cychwynnodd y cyfan yn ystod 1839, cyfnod anodd iawn i ffermwyr Cymru. Nid yn unig roedd eu rhenti wedi codi'n sylweddol, ond roedd yr eglwys yn mynnu eu bod yn talu degwm mewn arian parod hefyd. Tâl aelodaeth i'r eglwys oedd y degwm, sef 10% o incwm trigolion y plwyf. Y ffaith amdani oedd nad oedd chwarter y trigolion yn mynd i'r eglwys erbyn y cyfnod hwn; capelwyr oedd y mwyafrif llethol. Ar ben hyn roedden nhw wedi dioddef cyfres o gynaeafau gwael iawn, a'r tollbyrth oedd yr adeiladau a ddaeth i ymgorffori'r holl boenau hyn i bobl y wlad.

Nid y Cyngor Sir oedd yn gyfrifol am gyflwr y ffyrdd yr adeg honno; roedd y gwaith wedi ei drosglwyddo i gwmnïau lleol, y cwmnïau Tyrpeg. Byddent yn codi tollbyrth ar eu darn hwy o'r ffordd a byddai pawb oedd yn teithio ar ei hyd yn gorfod cyfrannu at ei chynnal a'i chadw. Yn aml iawn byddai'r tollbyrth yn agos iawn at ei gilydd, gan fod nifer o gwmnïau gwahanol yn gweithredu o fewn yr un ardal. Problem arall oedd bod rhai cwmnïau'n camddefnyddio'r drefn ac yn codi tollau uchel iawn heb wario'r arian ar y ffordd. Er mai pobl leol oedd biau'r cwmnïau yma, tueddent i fod yn fyddigions. Yr union bobl oedd wedi codi'r tollau – ac yn mynd i'r eglwys – oedd yn mynnu'r degwm.

raised the rents (and who attended church) now insisted on the payment of tithes.

At the beginning of 1839 the Whitland Turnpike Trust decided it would build four new tollgates, one of them at Efail-wen. It was opened at the beginning of May but, on 13 May, it was completely destroyed by an angry mob. The Trust replaced the gate as soon as possible as they were losing precious revenue but once again, on 6 June, a crowd of 300 local people destroyed the gate. This time they were dressed in women's clothes and had blackened their faces to hide their identity.

Rebecca was the name given to whoever led each individual campaign, and her followers were called her daughters. Some claimed that Tomos Rees, or Twm Carnabwth, was the Rebecca at Efail-wen and that he used the name because he had borrowed the clothes of 'Rebecca Fowr' (Big Beca!) from Llangolman. She would have to be quite a large lady for her clothes to fit Twm as he was well known locally as a boxer. But the name probably came from the Bible. The following verse can be found in Genesis:

> And they blessed Rebecca, and said unto her, Thou art our sister, be thou the mother of thousands of millions, and let thy seed possess the gates of those which hate them.

Whitland Turnpike Trust realised that they had made a serious mistake and in July they decided not to re-open the tollgate at Efail-wen nor at any of their other three locations.

Order was regained for a while but, in 1842, the riots exploded once again. This time the action concentrated on the area around St Clears. Our old friends, the Whitland Turnpike Trust, had built two new tollgates

Ar ddechrau 1839 penderfynodd cwmni Tyrpeg Hendy-gwyn adeiladu pedwar tollborth newydd, un ohonynt yn yr Efail-wen. Cafodd ei agor ddechrau Mai 1839 ond, yn ystod y nos ar 13 Mai, fe'i dinistriwyd yn llwyr gan dorf o bobl. Aeth y cwmni ati ar frys i'w ailagor, gan eu bod yn colli arian, ond ar 6 Mehefin daeth 300 o bobl leol yno a'i ddinistrio eto. Y tro hwn roedden nhw wedi eu gwisgo mewn dillad merched ac wedi duo eu hwynebau er mwyn dieithrio eu hunain.

Rebecca oedd yr enw a roddid i bwy bynnag fyddai'n arwain pob ymgyrch unigol, a'i merched oedd y dilynwyr. Honnai rhai mai dyn o'r enw Tomos Rees, neu Twm Carnabwth, oedd Rebecca yn helyntion Efail-wen, a'i fod wedi cael yr enw am iddo fenthyg dillad 'Rebecca fowr' o Langolman. Roedd gofyn iddi fod yn ddynes go fawr gan fod Twm yn enwog fel bocsiwr yn yr ardal ac ni fyddai dillad merch gyffredin yn ddigon mawr iddo. Ond mae'n fwy tebygol bod yr enw'n dod o'r Beibl. Yn llyfr Genesis ceir yr adnod:

> … a bendithio Rebeca, a dweud wrthi, Tydi, ein chwaer, boed iti fynd yn filoedd o fyrddiynau, a bydded i'th ddisgynyddion etifeddu porth eu gelynion.

Sylweddolodd Ymddiriedolaeth Tyrpeg Hendy-gwyn eu bod wedi gwneud camgymeriad go fawr, ac ym mis Gorffennaf dyma benderfynu peidio ailagor y tollborth yn Efail-wen na'r un o'r tri tollborth newydd arall chwaith.

Tawelodd pethau am gyfnod, ond ym 1842 ffrwydrodd y terfysgoedd eto a chychwynnodd pethau'r tro hwn yn yr ardal o amgylch Sanclêr. Roedd yr hen gyfeillion, Cwmni Hendy-gwyn, wedi codi dau dollborth o fewn milltir i'w gilydd ac, ar 18 Tachwedd 1842, fe ymosododd Beca a'i merched ar y ddau – un ym Mhwll Trap a'r llall yn Sanclêr.

within a mile of each other and, on 18 November 1842, Rebecca and her daughters attacked both tollgates, one at Pwll Trap and the other at St Clears.

This time the movement took hold like wildfire; a number of tollgates were attacked in south Pembroke-shire and the riots extended to the Teifi valley and the industrial areas around Llanelli. The tollgates were not the only targets now; the movement became one that fought for social justice in general and was prepared to take action against anyone who angered them – agents of landlords, those who collected the tithe, greedy landowners and perpetrators of sexual offences.

During the same period the new Poor Act had come into force. Under this act, anyone in financial difficulties would be sent to the Workhouse. Whole families were sent there and wives and husbands were separated. Naturally this became a cause of great dread amongst the poorest people and, in June 1843, they showed their opposition to the system in a very fierce manner. Two thousand people attacked the Workhouse at Carmarthen and the soldiers captured over a hundred protestors.

As the riots spread to the more industrialised areas, things became even more fierce and aggressive and the government was persuaded that it had to interfere – especially when Sarah Williams, the tollgate keeper at Hendy, was killed during one of the attacks.

The authorities managed to arrest two of the main leaders, Shoni Sgubor Fawr and Dai'r Cantwr. Their trials were held in Carmarthen and they were both found guilty. Shoni was transported to Australia for the remainder of his days and Dai'r Cantwr for twenty years.

Another six of Rebecca's daughters were captured during an attack on Pontarddulais Tollgate but, more importantly, the Rebecca for that night, John Hughes,

Y tro hwn fe dyfodd y mudiad fel tân gwyllt gan daro nifer fawr o dollbyrth yn ne Sir Benfro; ehangodd hefyd i ddyffryn Teifi a chyn belled â'r ardaloedd diwydiannol o amgylch Llanelli. Nid y tollbyrth yn unig oedd dan lach y bobl erbyn hyn. Fe drodd y mudiad yn gorff oedd yn ymladd dros gyfiawnder cymdeithasol yn gyffredinol, gan weithredu yn erbyn unrhyw un oedd yn eu cythruddo: stiwardiaid y byddigions, y rhai oedd yn derbyn y degwm, tirfeddianwyr barus a throseddwyr rhywiol.

Yn ystod y cyfnod hwn bu newid mawr yn y dull y câi tlodion eu trin. Dan y Ddeddf Tlodion newydd anfonid unrhyw un oedd mewn trybini ariannol i'r Tloty, neu'r 'wyrcws'. Câi teuluoedd cyfan eu hanfon yno, gan wahanu'r dynion oddi wrth y merched. Yn naturiol roedd y bobl gyffredin yn ofni hyn yn arw ac, ym mis Mehefin 1843, aethant ati i ddangos eu gwrthwynebiad yn ffyrnig iawn. Ymosododd dwy fil o bobl ar y Tloty yng Nghaerfyrddin, a daliwyd dros gant o'r protestwyr gan y milwyr.

Wrth i'r terfysgoedd ymledu i'r ardaloedd diwydiannol, roedd pethau'n mynd yn fwy ffyrnig ac ymosodol. Sylweddolodd y llywodraeth bod raid iddynt ymyrryd yn y sefyllfa – yn enwedig wedi i geidwad tollborth yr Hendy, Sarah Williams, gael ei lladd yn ystod un o'r ymosodiadau.

Llwyddodd yr awdurdodau i arestio dau o'r prif arweinwyr, sef Shoni Sgubor Fawr a Dai'r Cantwr. Cynhaliwyd achos y ddau yng Nghaerfyrddin a chafwyd hwy'n euog. Alltudiwyd Shoni i Awstralia am weddill ei oes a Dai'r Cantwr am ugain mlynedd.

Daliwyd chwech o Ferched Beca wedyn yn ystod ymosodiad ar dollbyrth Pontarddulais a'r Hendy, ond yn bwysicaf oll fe ddaliwyd Beca y noson honno – sef John Hughes, neu Jac Tŷ Isha, fel y gelwid ef. Symudwyd ei

(Jac Tŷ Isha) was also caught. His trial was moved to Cardiff to avoid any sympathy that may have existed for him in his own area. He was also convicted of the attempted murder of the Chief Constable of Glamorgan and was transported for twenty years.

Gradually, the riots came to a halt – but for a period of four years, Rebecca led her people in their fight against injustice and to regain some of their self-respect.

achos i Gaerdydd rhag ofn y byddai rhai'n dangos cydymdeimlad â'i achos yn Abertawe. Cyhuddwyd ef hefyd o geisio llofruddio Prif Gwnstabl Morgannwg, a chafwyd ef yn euog. Cafodd yntau ei alltudio am ugain mlynedd.

Yn araf bach tawelodd yr helyntion yn llwyr. Ond am gyfnod o bedair blynedd fe arweiniodd Beca ei phobl i frwydro yn erbyn anghyfiawnderau, ac i adennill eu hunan-barch.

Elizabeth Amy Dillwyn

Elizabeth Amy Dillwyn

1845 – 1935
Novelist and Businesswoman

Amy Dillwyn was one of the very few women who successfully challenged Victorian conventions. At a time when the class system was at its most rigid, and each household completely male dominated, she managed to live a life that challenged all those conventions.

She was born into a very wealthy family in the Swansea area. Her father, Lewis Llewellyn Dillwyn, was a prominent industrialist and landowner who became the Liberal Member of Parliament for Swansea in 1855. The family owned the famous Cambrian pottery in Swansea and they lived at Sketty Hall in the city. Just before being elected as Member of Parliament, Lewis Llewellyn Dillwyn built Hendrefoelan Hall as a suitable home for a man of his standing and Amy lived there for at least thirty years.

In 1863, when she was seventeen years old, Amy was sent to London to be formally launched into high society. She described the event in her diary, and her words show quite clearly what she thought of the formalities and conventions of London society:

> [I] came upon the royal trio considerably before I expected (partly because they were so short I could hardly see them down so low).

In less than a year she was engaged to Llywelyn Thomas of Llwynmadog. He was the son of another

Elizabeth Amy Dillwyn

1845–1935
Nofelwraig a Rheolwraig

Roedd Amy Dillwyn yn un o griw bychan o ferched a lwyddodd i herio confensiynau cyfnod Fictoria; bryd hynny roedd trefn bendant i gymdeithas yn ôl cyfoeth, a threfn bendant i bob cartref yn ôl rhyw. Fe chwalodd hi y patrwm hwnnw'n llwyr.

Fe'i ganed i deulu breintiedig iawn yn ardal Abertawe; roedd ei thad, Lewis Llewellyn Dillwyn, yn ddiwydiannwr amlwg a pherchennog tir a ddaeth yn Aelod Seneddol Rhyddfrydol dros Abertawe ym 1855. Teulu Amy oedd piau crochendy enwog y Cambrian yn Abertawe, ac roedd y teulu'n byw ym Mhlas Sgeti yn y dref. Ychydig cyn ei ethol yn Aelod Seneddol, adeiladodd Lewis Llewellyn Dillwyn blasty Hendrefoelan fel cartref addas i rywun o'i statws o, ac yno y bu Amy'n byw am ddeng mlynedd ar hugain o leiaf.

Ym 1863, yn ddwy ar bymtheg oed, aed ag Amy i Lundain i'w chyflwyno'n ffurfiol i'r gymdeithas ariannog yno. Ysgrifennodd ddisgrifiad o'r digwyddiad yn ei dyddiadur, ac mae ei geiriau'n dangos ei hagwedd ddilornus at ffurfioldeb a chonfensiynau'r byd hwnnw:

> Deuthum ar draws y triawd brenhinol yn llawer cynt nag y disgwyliwn (yn rhannol am eu bod mor fyr fel na allwn prin eu gweld mor isel i lawr).

Cyn pen y flwyddyn roedd Amy wedi dyweddïo â Llywelyn Thomas o Lwynmadog. Roedd Llywelyn yn fab

wealthy family and a friend of her eldest brother, Harry. Both families welcomed the news. However, Amy's happiness was short-lived as Llywelyn died in Paris in February 1864. She was inconsolable and hid away for weeks in complete solitude. Gradually she realised that she had work to do as her mother was unwell and somebody had to run the household. Around the same time, a cholera outbreak struck the Killay area of Swansea, a very poor area that was considered to be the rough part of town. This did not prevent Amy from working tirelessly there; she also helped at a school in Killay, although she complained that the children spat on their writing slates, and that the girls used their dresses to wipe their slates – and their noses!

Due to her mother's illness, Amy was her father's consort when he attended major social events, and she met prominent leaders such as Disraeli, Thackeray, Thomas Hughes and Robert Browning. But she regarded these social events as empty and meaningless. Men thronged around her like bees around a honeypot, but it becomes apparent in her diaries that she did not meet anyone who could be compared to Llywelyn Thomas, her late fiancé. In one diary she asked: 'Why am I never to have the happiness of loving and being loved?'

During the 1870s she was struck down by an illness that forced her to stay indoors for hours on end, and to avoid boredom she began to read. *Middlemarch* by George Eliot became her inspiration as she launched her own writing career. One historical tale was very close to her heart, the Rebecca Riots. Her father was amongst the men responsible for regaining order during the Riots and she based her first novel on his description of events. Although her work was rejected many times, in 1880 Macmillan published *The Rebecca Rioter*. Amy used the

i deulu ariannog arall ac yn ffrind i'w brawd hynaf, Harry. Rhoddwyd croeso mawr i'r dyweddïad gan y ddau deulu, ond torrwyd calon Amy ym mis Chwefror 1864 pan fu farw Llywelyn, yn bedair ar hugain oed, ym Mharis. Roedd yn amhosib ei chysuro ac fe gaeodd ei hun yn y tŷ am wythnosau heb weld neb. Ond yn raddol fe sylweddolodd bod ganddi waith i'w wneud gan fod ei mam yn ddynes wael iawn a bod rhaid i rywun redeg y tŷ. Tua'r un adeg hefyd fe darodd y colera yn Cilâ, Abertawe – ardal dlodaidd iawn oedd yn cael ei hystyried yn lle gwyllt yn y cyfnod. Ni rwystrodd hynny Amy a bu'n gweithio'n ddiball yno, er bod perygl iddi hi ei hun ddal yr afiechyd. Bu'n helpu mewn ysgol yn Cilâ hefyd, er ei bod yn cwyno bod y plant yn poeri ar eu llechi ysgrifennu a'r merched yn eu sychu hefo'u ffrogiau – ac yn sychu eu trwynau arnyn nhw hefyd!

Oherwydd salwch ei mam, Amy oedd cydymaith ei thad pan fyddai'n mynychu digwyddiadau cymdeithasol mawr y cyfnod a chafodd gyfle i gyfarfod arweinwyr fel Disraeli, Thackeray, Thomas Hughes a Robert Browning. Ond gwelai'r bywyd hwnnw'n un gwag a chwbl ddiystyr. Câi dynion eu denu ati fel gwenyn o gwmpas pot mêl, ond mae'n amlwg oddi wrth ei dyddiaduron na chyfarfu hi â neb i'w gymharu â Llywelyn Thomas, ei dyweddi. Yn un dyddiadur fe ofynnodd, 'Pam nad wyf fi byth am gael yr hapusrwydd o garu a chael fy ngharu?'

Erbyn yr 1870au trawyd Amy ag afiechyd a'i gorfodai i aros yn y tŷ am oriau bwy'i gilydd, ac i dorri ar yr undonedd aeth ati i ddarllen. Wedi ei hysbrydoli gan nofel George Eliot, *Middlemarch*, penderfynodd y byddai hithau'n dechrau ysgrifennu nofelau. Roedd un stori yn agos iawn at ei chalon, sef hanes helyntion Beca. Roedd ei thad yn un o'r rhai fu'n gyfrifol am geisio adennill trefn yn yr ardal yn ystod yr helyntion ac fe seiliodd ei nofel

nom de plume E. A. Dillwyn to disguise the fact that she was a woman, and the book was an immense success.

In 1881 her second novel was published, *Chloe Arguelle,* portraying London society, and her next novel, *A Burglary,* was published in 1883. In her three following novels – *Jill* (1884), *Jill and Jack* (1887), and *Maggie Steele's Diary* (1892) – she portrays the society of that time. All her books emphasise that women should never be satisfied with merely being their husbands' possessions, and that they should strive to prove themselves as intelligent beings in their own right.

Amy was responsible for numerous literary reviews in the *Spectator,* and her review of the novel *Treasure Island* contributed substantially to establishing Robert Louis Stevenson's reputation as an author.

Although Amy had been busy writing throughout the 1880s, they were turbulent times for her family. In 1886 her sister, Essie, ran away to South Africa with an actor described by Amy as a 'penniless scamp'. That was bad enough, but Essie already had a husband and five children. Amy travelled all the way to South Africa to try and persuade her sister that she should return home at once, but her attempts failed.

A few years later Amy's eldest brother, Harry, the heir to the large estates, died. Unfortunately he had lived way beyond his means. Due to the inheritance laws that gave daughters no rights at all, Amy's position was uncertain, as the whole estate would now pass to her nephew, Harry's son, when her father died. This is exactly what happened in 1892; she had to move out of Hendrefoelan and was left homeless.

However, Amy's father had included her in his will and had bequeathed her the Llansamlet Spelter Works. Unfortunately this was no godsend, as she soon found out

gyntaf, i raddau helaeth, ar ei ddisgrifiad o o'r digwyddiadau. Er i'w nofel gael ei gwrthod sawl tro, ym 1880 derbyniwyd *The Rebecca Rioters* i'w chyhoeddi gan Macmillan. Defnyddiodd Amy yr enw E. A. Dillwyn, fel na fyddai'r darllenwyr wedyn yn gwybod ai dyn ynteu merch oedd yr awdur. Bu'r llyfr yn llwyddiant ysgubol.

Ym 1881 cyhoeddodd nofel arall, sef *Chloe Arguelle,* oedd yn darlunio cymdeithas Llundain, ac yna un arall, *A Burglary,* ym 1883. Yn ei thair nofel nesaf – *Jill (*1884), *Jill and Jack* (1887), a *Maggie Steele's Diary (*1892) – mae'n darlunio cymdeithas ei chyfnod. Roedd ei holl nofelau'n ymwneud â'r thema na ddylai merched fodloni ar fod yn ddim ond 'meddiannau' i'w gwŷr ond y dylent brofi eu hunain fel bodau deallus.

Byddai'n ysgrifennu nifer o adolygiadau ar nofelau newydd i'r cylchgrawn *Spectator*, a bu ei hadolygiad hi o *Treasure Island* yn y cylchgrawn hwnnw yn help i Robert Louis Stevenson ei sefydlu ei hun fel awdur.

Er bod Amy'n brysur yn ysgrifennu, bu'r 1880au yn gyfnod cythryblus yn hanes ei theulu. Ym 1886 fe redodd ei chwaer, Essie, i ffwrdd i Dde Affrica gydag actor a ddisgrifir gan Amy fel *'penniless scamp'.* Byddai hynny'n ddigon ynddo'i hun, ond roedd gan Essie ŵr a phump o blant eisoes ac felly roedd yn argyfwng gwirioneddol. Aeth Amy bob cam i Dde Affrica i geisio darbwyllo'i chwaer mai gartref oedd ei lle hi, ond methiant fu'r ymdrech.

Ymhen ychydig flynyddoedd wedyn bu farw brawd hynaf Amy, Harry. Fo oedd yr etifedd; mae'n bur debyg bod hynny wedi mynd i'w ben ac iddo fyw bywyd braidd yn rhy llawn. Oherwydd rheolau etifeddiaeth – nad oedd yn rhoi unrhyw statws i'r ferch – roedd Amy mewn sefyllfa ansicr gan y byddai'r stad i gyd yn mynd i'w nai, mab Harry, ar farwolaeth ei thad. A dyna ddigwyddodd

that the Company had debts of around £100,000. She was unable to touch a penny of the company's money as there were creditors to be paid off first. Everyone expected Amy to give up, announce the bankruptcy of the company and release herself from such a financial burden. But she had always faced challenges head on. She could not bear to think that she would be responsible for making over 200 people redundant; she was also extremely loyal to her father and so she appointed herself as manager of the company. Gradually she saw the company turn deficit into profit, using every spare penny to repay her creditors.

Although she was having some success, she had to face the heartbreak of auctioning off the whole of the contents of Hendrefoelan Hall in a five-day auction in 1893. The following year, she recorded in her diary that not a single person had remembered her birthday. By then she was living in rented rooms with one maid and travelled to work at the company's office in Swansea on the train each day, often travelling out to Llansamlet to supervise the furnaces. She was responsible for all the company accounts and all foreign correspondence. Her shrewdness in business became obvious when she appointed an expert metallurgist, John Corfield, to be responsible for the actual smelting, and by 1897 she decided to make him a partner in the company.

It was not until 1899 that she managed to clear all her father's debts. She then walked to work each day, not feeling she had to hide her shame on the train, as she used to. Amy regained her self-respect and the people of Swansea became very familiar with the sight of a small, slight lady in simple dress, wearing a trilby hat and holding a stick in her hand, marching through the city. She still loved challenging conventions and would light a

ym 1892, gan adael Amy heb gartref; bu'n rhaid iddi symud o Hendrefoelan.

Ond roedd tad Amy wedi cofio amdani yn ei ewyllys ac wedi gadael Gwaith Sinc Llansamlet iddi. Yn anffodus, doedd hynny'n fawr o gysur gan iddi ddarganfod bod y cwmni mewn dyled o tua £100,000. Fedrai hi ddim cyffwrdd ceiniog o arian y cwmni gan y byddai'n rhaid i'r credydwyr gael eu talu yn gyntaf. Roedd pawb yn disgwyl iddi roi i fyny, cyhoeddi'r cwmni yn fethdalwr a chael ei rhyddhau o'r ffasiwn faich. Ond nid un felly oedd hi. Fedrai hi ddim dioddef meddwl am dros 200 o bobl yn colli eu gwaith, ac roedd yn hynod o deyrngar i'w thad, felly fe'i penododd ei hun yn rheolwraig y cwmni. Yn araf bach, llwyddodd i greu elw gan ddefnyddio pob ceiniog oedd dros ben i dalu'r credydwyr yn ôl.

Siom fawr iddi oedd gorfod gwerthu holl gynnwys Hendrefoelan mewn arwerthiant pum niwrnod ym 1893. Erbyn y flwyddyn ganlynol fe nododd yn ddigalon yn ei dyddiadur nad oedd neb wedi cofio am ei phen-blwydd, ac mae hynny'n rhoi i ni ryw syniad o'i sefyllfa ar y pryd. Roedd yn byw mewn ystafelloedd wedi eu rhentu ac un forwyn yn unig i weini arni. Byddai'n teithio ar y trên bob dydd i swyddfa'r cwmni yn y dref ac yn teithio'n aml i Lansamlet i oruchwylio'r ffwrneisi. Hi oedd yn gyfrifol am holl gyfrifon y cwmni a'r ohebiaeth dramor. Un cam doeth iawn ar ei rhan oedd penodi arbenigwr ar fetalau, John Corfield, i ofalu am y gwaith mwyndoddi, ac yn 1897 fe'i gwnaeth yn bartner yn y cwmni.

Cymerodd hyd 1899 iddi glirio holl ddyledion ei thad a bellach gallai gerdded yn dalog i'w gwaith bob dydd heb orfod cuddio ar y trên. Trwy ei gwaith caled enillodd ei hunan-barch yn ôl, ac roedd pobl Abertawe yn gyfarwydd â gweld y wraig fach, fain mewn gwisg syml, het drilbi ar ei phen a ffon yn ei llaw, yn brasgamu trwy'r

large cigar when seated at the top table at social events in the city.

In 1902 she rented a small house and named it Cadlys, before moving two years later to a larger house called Tŷ Gwyn, on the Mumbles Road, where she spent the remainder of her days. She was not one to spend her time idly and began to play hockey in a mixed team, as well as water polo – even though she was in her fifties!

The company was extremely successful and was one of the main zinc producers in Britain, but it was becoming increasingly difficult to find raw material of the best quality, so Amy ventured on a dangerous journey to Algiers to search for new suppliers.

As she realised that the future was not bright for the industry in Britain, Amy sold the Works to a German company. She now had time on her hands to carry out the voluntary work that gave her such satisfaction, and was elected on the Swansea School Board, was President of the Hospital Management Committee and an Independent Member on Swansea Council. Women's rights were also one of her main interests; she fought for their right to vote and supported the strike called by the seamstresses of Ben Evans's shop in Swansea.

Elizabeth Amy Dillwyn was certainly a woman ahead of her time, but she was unique in that she not only pleaded the cause of women's rights in her novels but also proved through her everyday work that women had the ability to take full advantage of the opportunities that came their way.

ddinas. Roedd hi'n dal i hoffi herio confensiynau a byddai'n tanio sigâr fawr bob amser pan fyddai ar y prif fwrdd mewn digwyddiadau cymdeithasol.

Ym 1902 cymerodd denantiaeth tŷ bychan a'i alw'n Cadlys, cyn symud wedyn ymhen dwy flynedd i dŷ mwy o'r enw Tŷ Gwyn, ar Ffordd y Mwmbwls, lle treuliodd weddill ei hoes. Ond fuo hi erioed yn un i segura. Dyma'r cyfnod pryd y dechreuodd chwarae hoci mewn tîm cymysg, a pholo dŵr – a hithau yn ei phumdegau!

Roedd y cwmni'n llewyrchus iawn, ac yn un o brif gynhyrchwyr sinc Prydain, ond roedd hi'n mynd yn anos cael gafael ar ddeunydd crai o'r ansawdd gorau. Felly, bu'n rhaid i Amy fentro ar daith beryglus i Algiers i chwilio am gyflenwad newydd, gan deithio ar fulod am ran o'r daith mewn amgylchiadau oedd yn hollol estron i ferched y cyfnod.

Gwerthodd ei chwmni i gwmni arall o'r Almaen gan y gwyddai'n iawn nad oedd dyfodol disglair i'r diwydiant ym Mhrydain; o hynny ymlaen roedd ganddi ryddid i wneud y math o waith gwirfoddol oedd wrth fodd ei chalon. Etholwyd hi ar Fwrdd Ysgolion Abertawe, yn Llywydd Pwyllgor Rheoli'r Ysbyty ac yn Aelod Annibynnol ar Gyngor Abertawe. Dangosodd ei hochr o ran hawliau merched hefyd, gan bledio achos pleidlais i ferched a chefnogi streic gwniadwragedd yn siop Ben Evans yn Abertawe.

Roedd Elizabeth Amy Dillwyn yn sicr yn wraig o flaen ei hoes, ond yr hyn a'i gwnâi'n unigryw oedd ei bod hi ar un llaw yn pledio hawliau merched yn ei nofelau, ac ar y llaw arall yn profi trwy ei bywyd bob dydd y gallai merched wneud cyfiawnder llawn â'r hawliau hynny.

Annie Ellis

Annie Ellis

1856–1931
Lodging-house keeper in the Wild West

Thousands of Welsh people have emigrated to all parts of the world over the last three centuries. From Russia to the most remote parts of South America, Welsh men and women have struggled to create a better life for themselves, and Annie Ellis's life story gives us a taste of some of the challenges they faced.

She was born in the Dolgellau area in 1856, but every attempt to discover facts about her early history has failed. The only concrete facts are that she emigrated with her brother to America in 1870. But Annie's search for a better life did not begin very auspiciously; her brother abandoned her, and she was found wandering the streets of Kansas City alone at the age of fourteen.

When the 1870 census was recorded in Kansas, she was the servant of a man named Josiah Jones in the town of Grant. Some time between 1870 and 1875 she married David Rule and arrived at Abilene, Kansas. This could not be described as a rural town at the time. It was one of the main centres on the cattle trail, a real cowboy town, with hotels and saloons overflowing when the cowboys came into town after their long, parched journeys on the cattle trails. Kansas became renowned for its rowdiness and unruliness, the cowboys enjoying life to the full, money burning in their pockets and beer and spirits ruling their heads. Anyone appointed to keep law and order at this time would have to be a brave man indeed.

Annie Ellis

1856–1931
Perchennog gwesty yn y Gorllewin Gwyllt

Yn ystod y tair canrif ddiwethaf, mae miloedd o Gymry wedi ymfudo i bob rhan o'r byd. O Rwsia i bellafoedd De America, bu Cymry'n ymlafnio i greu bywyd gwell iddyn nhw eu hunain, ac un o'r rheiny oedd Annie Ellis.

Fe'i ganed yn ardal Dolgellau ym 1856 – yn ôl yr hyn a honnai am weddill ei hoes, beth bynnag – ond methiant fu pob ymdrech i ddod o hyd i hanes ei bywyd cynnar. Yr unig wybodaeth sydd gennym yw iddi hi a'i brawd ymfudo i America ym 1870. Ond nid byd gwell oedd yn disgwyl Annie druan ar y dechrau gan i'w brawd ei gadael, a bu'n rhaid iddi grwydro strydoedd Kansas City ar ei phen ei hun a hithau'n ddim ond pedair ar ddeg oed.

Erbyn cyfrifiad 1870 roedd hi'n forwyn i ŵr o'r enw Josiah Jones, yn nhref Grant. Rywbryd rhwng 1870 ac 1875 fe briododd â gŵr o'r enw David Rule a chyrraedd tref Abilene, Kansas. Nid rhyw dref fach gefn gwlad dawel oedd Abilene yn y cyfnod hwn ond un o brif ganolfannau'r teithiau gwartheg – y *'cattle trails'*. Tref gowbois go iawn, felly! Roedd y gwestai a'r tafarndai yn gwneud pres fel slecs ar draul cowbois oedd wedi bod yn symud gwartheg dros y paith sych am wythnosau. Daeth y dref yn enwog am y rhialtwch a'r anhrefn oedd yno, a'r cowbois yn mynd dros ben llestri gan fod arian yn llosgi yn eu pocedi a chwrw a wisgi yn mwydro'u pennau. Rhaid oedd cael dynion (a merched) dewr iawn i gadw trefn arnyn nhw.

Wild Bill Hickok became one of the legends of his time in the Wild West, and Annie became friendly with him when he was appointed as peacekeeper for the town. Wild Bill found work for Annie in a restaurant in Abilene and she managed to save enough money to buy a lodging house in Wichita, another town that was establishing itself as an important centre after the railroad reached there in 1872.

She had a few famous clients, such as Wyatt Earp and Bat Masterson, both responsible for keeping the peace in Wichita. But Annie failed to prosper there as the action moved on to Dodge City with the railroad. Annie and Wyatt Earp both followed the cowboys and settled in Dodge City. Annie arrived in 1875, poor once again and widowed – her husband having been murdered for his money. By the 1880 census Annie was working as a washerwoman, and a farmer called George Anderson was her lodger. He eventually became her second husband.

At last, things were improving for Annie, and she had enough money to open an eatery and lodging house on Second Avenue in Dodge City. She was in the middle of all the excitement once again and Wyatt Earp, Bat Masterson, Luke Short and Bill Tilghman were regular customers of hers, men who became as famous for using their guns as they were for peacekeeping. Annie was obviously on good terms with them as one story tells of Bill Tilghman having to borrow Annie's dress to flee Wyatt Earp's wrath on one occasion.

Annie established a successful business for herself in Dodge City and a good name as a woman who would offer lodgings to anyone who arrived in town; orphans and the destitute were given Annie's full support. She kept the same lodging rooms for over half a century, and we can only assume that she must have been a fearless

Un o gymeriadau mawr y Gorllewin Gwyllt ar y pryd oedd Wild Bill Hickok, a daeth Annie'n gyfeillgar ag o pan gafodd o'r gwaith o gadw'r heddwch yn y dref. Llwyddodd Wild Bill i ddod o hyd i waith i Annie mewn tŷ bwyta yn Abilene, ac yn y diwedd roedd hi wedi hel celc digon sylweddol i fedru prynu ei thŷ lojin ei hun yn Wichita, tref arall oedd yn prysur ddatblygu'n ganolfan bwysig wedi i'r rheilffordd gyrraedd yno ym 1872.

Roedd ganddi ambell gwsmer enwog iawn, fel Wyatt Earp a Bat Masterson, y ddau'n gyfrifol am geisio cadw'r heddwch yn Wichita. Ond welodd Annie fawr o lwyddiant yno ac fe symudodd y cyffro ymlaen i Dodge City gyda'r rheilffordd. Dilyn y cowbois fu hanes Annie a Wyatt Earp fel ei gilydd, ac ymsefydlu yn Dodge City. Cyrhaeddodd yno ym 1875, yn dlawd fel llygoden eglwys ac yn wraig weddw – fe gollodd ei gŵr pan lofruddiwyd o gan ladron. Erbyn cyfrifiad 1880 roedd Annie yn gweithio fel golchwraig, a dyn o'r enw George Anderson yn lojio hefo hi. Ffarmwr oedd George, ac fe briododd y ddau.

Roedd pethau'n well o dipyn arni wedyn ac roedd ganddi arian i agor bwyty a thŷ lojin arall ar Second Avenue yn Dodge City. Roedd Annie yng nghanol bwrlwm y cyfnod unwaith eto a byddai Wyatt Earp, Bat Masterson, Luke Short a Bill Tilghman yn gwsmeriaid cyson iddi – rhai oedd yr un mor enwog am ddefnyddio eu gynnau ag oedden nhw am rwystro pobl eraill rhag eu defnyddio. Mae'n amlwg ei bod yn gyfeillgar iawn hefo nhw, gan fod un stori yn adrodd hanes Bill Tilghman yn benthyg ffrog gan Annie i'w alluogi i ddianc rhag Wyatt Earp.

Sefydlodd Annie fusnes llwyddiannus iddi ei hun yn Dodge City; roedd enw da iddi fel gwraig oedd yn barod i roi llety i unrhyw un a gyrhaeddai'r dref, boed yn dlawd neu'n amddifad, a byddai'n gefn mawr iddyn nhw. Bu'n

lady to keep some of the Wild West's most dangerous men under control.

When she died at her lodging rooms in 1931 she was a rich woman so, eventually, she did realise her dream of a better life.

cadw'r un ystafelloedd aros yno am dros hanner can mlynedd, felly mae'n rhaid ei bod yn dipyn o ddynes i fedru cadw trefn ar rai o ddynion peryclaf America am gyfnod mor faith.

Pan fu farw ym 1931 roedd yn werth ei miloedd, ac felly fe wireddodd ei breuddwyd o fywyd gwell yn y pen draw.

Megan Lloyd George

Megan Lloyd George

1902–1966
Member of Parliament

In the list of '100 Welsh Heroes' which recently appeared on the internet, David Lloyd George is in eighth position, lower than one would probably expect. But his daughter also scraped in there, in 91st position – a much greater injustice, but at least she is included.

Megan was the youngest daughter of David Lloyd George and his wife, Margaret. There were five children in all, although her sister, Mair Eluned, died at the age of seventeen, when Megan was five years old. The children were brought up in London and Cricieth, but Megan was educated in London. When Megan was nine years old, Frances Stevenson was appointed as her tutor of French and piano. Frances became very fond of Megan and described her as an 'enchanting child' but she was also enchanted by Megan's father; she became his mistress until Margaret died, and they then married in 1943.

But back to Megan: she was educated at Garrett's Hall, Banstead, before spending a year in Paris in 1919. She soon realised that her father and Frances were lovers and did everything possible to end the relationship, but all in vain.

Like her father, Megan's main interest was politics, and in 1928 – mainly through her mother's efforts – she was nominated as the Liberal candidate for Anglesey. Naturally, Anglesey farmers had little faith in this young girl with her high society, London background. A farmer

Megan Lloyd George

1902–1966

Aelod Seneddol

O edrych ar y rhestr o '100 o Arwyr Cymru' a gyhoeddwyd ar y we yn ddiweddar, mae David Lloyd George i'w weld yn yr wythfed safle, sy'n is na'r disgwyl, efallai. Ond tybed faint ohonon ni sylwodd bod ei ferch, Megan, hefyd ar y rhestr? Er mai dim ond crafu i mewn a wnaeth hi yn rhif 91, o leiaf mae hi yno.

Megan oedd merch ieuengaf David Lloyd George a'i wraig, Margaret. Roedd yn un o bump o blant, er iddi golli Mair Eluned, ei chwaer ddwy ar bymtheg oed, pan oedd Megan ei hun yn 5 oed. Magwyd y plant yn Llundain a Chricieth, ond yn Llundain yr addysgwyd Megan. Pan oedd hi'n naw mlwydd oed penodwyd merch o'r enw Frances Stevenson yn diwtor Ffrangeg a'r piano iddi. Roedd Frances yn hoff iawn o Megan ac yn ei disgrifio fel 'enchanting child'. Nid y ferch yn unig a'i hudodd; yr un oedd effaith y tad arni hefyd a bu'n feistres i Lloyd George hyd farwolaeth ei wraig, a phriodwyd y ddau ym 1943.

Ond, yn ôl at Megan: wedi ei haddysgu yn Garrett's Hall, Banstead, treuliodd flwyddyn ym Mharis ym 1919. Yn fuan wedyn sylweddolodd pa fath o berthynas oedd rhwng ei thad a'i chyn-athrawes; gwnaeth bopeth o fewn ei gallu i chwalu'r berthynas, ond methiant fu ei holl ymdrechion.

Fel ei thad, gwleidyddiaeth oedd prif diddordeb Megan, ac ym 1928, trwy ymdrechion ei mam, llwyddodd i gael ei henwebu fel ymgeisydd y Rhyddfrydwyr ar Ynys

heckled her on one occasion when she was addressing a large audience on the island. He shouted that she knew nothing, not even how many ribs there were on a pig. Without skipping a beat, Megan calmly invited him to the platform, saying, 'Come here and I'll count them!' and of course she soon had the audience hanging on to her every word.

She had undoubtedly inherited her father's oratorial skills; she could even convince the opposition of the validity of her arguments, as a Labour agent once commented. She swept all opposition aside in the election and gained a majority of over 5,000, going on to keep the seat in Liberal hands for twenty-two years. On winning her first election she also became the first woman to represent a Welsh constituency in the House of Commons, during a period when there were only thirteen women MPs in the whole of Britain.

In Parliament, she became a prominent feminist and radical, fighting for equal pay for women during the Second World War. Wales was high on her list of priorities and she played a leading part in the debate with Lord Beveridge that the BBC should not regard Wales as a 'region', and that the Welsh national identity should be respected. By the 1950 election Megan had become Deputy Leader of her party, and during their political broadcast on the radio her main themes were freedom, employment for all and social justice. She concluded her speech broadcast to the whole of Britain with the words, *'Nos da. Hunanlywodraeth i Gymru'* (Good night. Self-government for Wales). She nearly doubled her majority on Anglesey.

The 1950s was a period when the Liberal party lost its grip on its traditional supporters, with the Labour Party gaining popularity. When a second election was called in

Môn. Yn naturiol, doedd gan amaethwyr Môn fawr o ffydd yn y ferch hon a'i chefndir Llundeinig uchel-ael. Pan oedd yn annerch torf fawr ar yr Ynys un tro, fe heriodd rhyw ffarmwr hi gan ddweud nad oedd hi'n gwybod dim – dim hyd yn oed sawl asen oedd gan fochyn. Heb gynhyrfu dim, gwahoddodd Megan y ffarmwr cegog ati i'r llwyfan. 'Dewch yma ata' i ac mi wna i eu cyfri,' oedd ei hateb parod.

Yn sicr roedd hi wedi etifeddu gallu ei thad i hudo cynulleidfa â'i geiriau – roedd y gwrandawyr fel clai yn ei dwylo. Gallai hyd yn oed ddenu ei gwrthwynebwyr â'i dadleuon, fel y nododd asiant Llafur un tro. Enillodd fuddugoliaeth ysgubol yn yr etholiad, gyda mwyafrif o dros bum mil o bleidleisiau, a chadwodd y sedd i'r Rhyddfrydwyr am ddwy flynedd ar hugain. Trwy gyfrwng y fuddugoliaeth gyntaf honno fe enillodd y fraint hefyd o fod y ferch gyntaf i gynrychioli Cymru yn Nhŷ'r Cyffredin, mewn cyfnod pan nad oedd ond tair ar ddeg o ferched yn Aelodau Seneddol drwy Brydain gyfan.

Yn y Senedd, daeth yn amlwg fel ffeminydd a radical, gan ymladd dros gyflogau cyfartal i ferched yn ystod yr Ail Ryfel Byd. Ymgyrchodd yn frwd dros hawliau Cymru hefyd – bu'n flaenllaw yn y ddadl gyda'r Arglwydd Beveridge na ddylai Cymru gael ei thrin fel 'rhanbarth' gan y BBC, ac y dylid parchu ei hunaniaeth genedlaethol. Erbyn etholiad 1950 roedd Megan yn Ddirprwy Arweinydd ei phlaid, ac yn y darllediad gwleidyddol ar y radio manteisiodd ar y cyfle i bledio achos rhyddid, cyflogaeth i bawb a chyfiawnder cymdeithasol. Y geiriau a ddefnyddiodd i gloi yr araith, a ddarlledwyd dros Brydain gyfan, oedd, 'Nos da. Hunanlywodraeth i Gymru.' Llwyddodd bron iawn i ddyblu ei mwyafrif ar Ynys Môn y flwyddyn honno.

Ond yn ystod yr 1950au, yn sgil marwolaeth ei thad

1951, Megan lost her seat to Cledwyn Hughes, a Labour member who became very prominent in modern Welsh history.

Despite not having a constituency seat, Megan was still politically active and, in 1955, she became one of the most prominent leaders of the Parliament for Wales Campaign. She presented the argument for a Parliament situated in Wales, answerable to the people of Wales. The campaign managed to muster 250,000 signatories to a petition calling for a Parliament for Wales, and Megan was one of the delegation that presented the petition to government.

Gradually, Megan became under increasing pressure to defect to the Labour Party. She travelled through Canada, the USA and Jamaica with her sister, Olwen, on a lecturing tour, and took advantage of the opportunity to consider her future. She had informed the Anglesey Liberal Party in 1952 that she would not fight the seat again. Her father's legacy became her main political stumbling block and she found it very difficult to turn her back on the party he had embodied for so long. But, in 1955, that is exactly what she did; she joined the Labour Party as she believed that it best represented her principles.

In 1956, Megan faced another disappointment in her personal life when she received a letter from her lover, Philip Noel-Baker, listing the reasons why he could not marry her although he was a widower. She was 54 years old by then and had been in a relationship with him for 27 years. This broke her heart, but her political fervour continued.

By the end of that year she was the Labour Party's official candidate in the Carmarthenshire constituency. Plaid Cymru were immediately on the offensive, accusing

ym 1945, roedd y blaid Ryddfrydol yn colli gafael ar ei dilynwyr a'r Blaid Lafur yn ennill tir. Felly pan ddaeth etholiad arall ym 1951, colli'r sedd fu hanes Megan – a hynny i Aelod Seneddol Llafur a ddaeth yn amlwg iawn yn hanes ei wlad, sef Cledwyn Hughes.

Er nad oedd gan Megan bellach sedd, roedd yn dal yn weithgar iawn yn wleidyddol, ac ym 1955 daeth yn un o arweinwyr mwyaf blaenllaw yr ymgyrch Senedd i Gymru. Dadleuai dros gael Senedd ar dir Cymru, a honno'n atebol i bobl Cymru. Trwy rym ei gallu areithio (a nifer o aelodau blaenllaw eraill yr Ymgyrch, i fod yn deg) llwyddwyd i gasglu 250,000 o lofnodion ar ddeiseb yn galw am Senedd i Gymru, ac roedd hi'n rhan o'r ddirprwyaeth a gyflwynodd y ddeiseb i'r llywodraeth.

Yn raddol, daeth Megan dan fwy a mwy o bwysau i droi at y Blaid Lafur. Treuliodd gyfnod yn teithio Canada, yr UDA a Jamaica gydag Olwen, ei chwaer, yn darlithio ac yn ystyried ei dyfodol. Roedd wedi hysbysu Rhyddfrydwyr Môn ym 1952 nad oedd am fod yn ymgeisydd iddyn nhw eto, ond roedd olyniaeth ei thad yn pwyso'n drwm ar ei hysgwyddau ac nid mater bach iddi fyddai troi at blaid arall. Ond, ym 1955, dyna'n union ddigwyddodd. Ymunodd Megan â'r Blaid Lafur gan ei bod yn teimlo mai'r blaid honno oedd agosaf at ei hegwyddorion hi.

Siom fawr i Megan ym 1956 (a hithau'n 54 mlwydd oed, ac wedi bod yn ei ganlyn ers 27 o flynyddoedd) oedd derbyn llythyr gan ei chariad, Philip Noel-Baker, yn rhestru'r rhesymau pam na allai ei phriodi, er ei fod yn ŵr gweddw erbyn hynny. Torrodd ei chalon, ond wnaeth hynny ddim i atal ei brwdfrydedd gwleidyddol.

Erbyn diwedd y flwyddyn honno roedd hi'n ymgeisydd swyddogol i'r Blaid Lafur yn etholaeth Caerfyrddin. Yn naturiol, fe ymosododd Plaid Cymru arni gan ddweud ei

her of representing a party that opposed self-government for Wales. In reply, she stated that her party was at least arguing for a Welsh Secretary, and that she would continue to fight for her nationalistic principles within the Labour Party. She won the seat and was warmly welcomed back to the House of Commons by the Labour Party. She retained the Carmarthenshire seat for Labour until her death in 1966. During her second period in Parliament she was a prominent exponent of disarmament and anti-nuclear policies. The House of Lords and its inherited seats also became one of her targets.

During 1962, Megan's family noticed that she was not as full of energy as usual, and she was diagnosed with cancer. She fought on, continuing to work tirelessly for her electors. But, by 1965, she seemed to be losing the battle and gave her last speech in the House of Commons on Wales Day, November 1965. She died the following May.

She had opposed her father's relationship with Frances Stevenson throughout her life and, when he died, she refused Frances permission to attend his funeral. She even threw the wreath Frances had placed on the grave over the hedge and into the road. But on the day Megan was buried in the family grave at Cricieth, a woman was seen standing apart from everyone else by the cemetery gate. Despite everything that had happened, Frances had come to pay her respects to the 'enchanting child'.

bod yn cynrychioli plaid oedd yn erbyn Senedd i Gymru. Ateb Megan oedd bod ei phlaid hi'n galw am Ysgrifennydd Gwladol i Gymru, o leiaf, ac y byddai hi'n dal i frwydro dros ei hegwyddorion cenedlaetholgar o fewn y Blaid Lafur. Llwyddodd i ennill y sedd a derbyniodd groeso mawr yn ôl i Dŷ'r Cyffredin gan aelodau'r Blaid Lafur, a daliodd y sedd honno hyd ei marwolaeth ym 1966. Yn ystod ei chyfnod yn y Senedd, dadleuodd yn angerddol dros ddiarfogi ac yn erbyn arfau niwcliar. Brwydrodd yn erbyn annhegwch Tŷ'r Arglwyddi hefyd a'r system o etifeddu seddi yno.

Erbyn 1962 roedd teulu Megan wedi sylwi nad oedd yn ymddangos mor iach ag y bu, a darganfuwyd ei bod yn dioddef o ganser. Llwyddodd i frwydro trwy hynny gan ddal i weithio'n ddiflino dros ei hetholwyr, ond erbyn 1965 roedd hi'n colli'r frwydr yn erbyn ei salwch. Cyflwynodd ei haraith olaf yn Nhŷ'r Cyffredin ar y Diwrnod Cymreig yn Nhachwedd 1965 a bu farw ym mis Mai y flwyddyn ganlynol.

Roedd hi wedi gwrthwynebu perthynas ei thad â Frances Stevenson ar hyd ei hoes, a phan fu farw ei thad fe wrthododd ganiatáu i Frances gael mynychu'r angladd. Yn fwy na hynny fe daflodd y dorch o flodau a roddodd Frances ar y bedd dros y gwrych i'r ffordd. Ond, ddydd ei chladdu hi ym medd y teulu yng Nghricieth, fe welwyd un wraig yn sefyll ar wahân i bawb arall wrth glwyd y fynwent. Oedd, roedd Frances am dalu'r gymwynas olaf i'r 'enchanting child' wedi'r cyfan.

Rhagor o Wybodaeth / More Information

John Bollard, *The Mabinogi* (Gwasg Gomer, 2006*)*

Terry Breverton, *100 Great Welsh Women*
   (Glyndwr Publishing, 2001)

R. T. Jenkins, E. D. Jones, Brynley F. Roberts (gol./ed.*)*
   Dictionary of Welsh Biography 1941–1970
   (Anrhydeddus Gymdeithas y Cymmrodorion, 2001)

E. D. Jones, Brynley F. Roberts (gol./ed.)
   Y Bywgraffiadur Cymreig 1941–1950
   (Anrhydeddus Gymdeithas y Cymmrodorion, 1970)

E. D. Jones, Brynley F. Roberts (gol./ed.)
   Y Bywgraffiadur Cymreig 1951–1970
   (Anrhydeddus Gymdeithas y Cymmrodorion, 1997)

J. E. Lloyd, R. T. Jenkins, William Llewelyn Davies (gol./ed.)
   Y Bywgraffiadur Cymreig hyd 1940
   (Anrhydeddus Gymdeithas y Cymmrodorion, 1954)

John Edward Lloyd, R. T. Jenkins (gol./ed.)
   Dictionary of Welsh Biography Down to 1940
   (Gwasg Prifysgol Cymru / University of Wales Press, 1957)

Eigra Lewis Roberts, *Siwgr a Sbeis* (Gwasg Gomer, 1975)

Gwyn Thomas, *Y Mabinogi*
   (Gwasg Prifysgol Cymru/University of Wales Press, 1984)

* * *

Alabina Wood
   A. O. H. Jarman a/and Eldra Jarman
   The Welsh Gypsies. Children of Abram Wood
   (Gwasg Prifysgol Cymru / University of Wales Press, 1991)

Amy Dillwyn

Amy Dillwyn, *The Rebecca Rioter* (Honno, 2004)

Ann Griffiths

D. Tecwyn Evans, *Ann Griffiths 1776–1805* (Gwasg Pantycelyn, 2005)

Dyfnallt Morgan (gol./ed.), *Y Ferch o Ddolwar Fach* (Gwasg Gwynedd, 1977)

Annie Ellis

Dafydd Meirion, *Cymry Gwyllt y Gorllewin* (Y Lolfa, 2002)

Dafydd Meirion, *It's Wales: Welsh Cowboys and Outlaws* (Y Lolfa, 2003)

Betsi Cadwaladr

Jane Williams (Ysgafell) (gol./ed.), *An Autobiography of Elizabeth Davis* (Honno, 1987)

Boneddigesau Llangollen / Ladies of Llangollen

Marian Broderick, *Wild Irish Women* (The O'Brien Press, 2001)

Buddug

Tony Robinson, *In Search of British Heroes* (Channel 4 Books, 2003)

Catrin o Ferain

Sir John Ballinger, *Katheryn of Berain* (yn/in *Y Cymmrodor* XL, 1929)

R. Cyril Hughes, *Catrin o Ferain* (Gomer, 2001)

Gwenllian

Peter Newton, *Gwenllian, The Welsh Warrior Princess* (Gwasg Carreg Gwalch, 2002)

Gwerfyl Mechain

Cathryn A. Charnell-White (gol./ed.), *Beirdd Ceridwen: Blodeugerdd Barddas o Ganu Menywod hyd tua 1800* (Cyhoeddiadau Barddas, 2005)

Mary Lewis

E. Vaughan Jones, *Sheep Stealing at Llangelynin, 1792* (yn/in *Cylchgrawn Cymdeithas Hanes a Chofnodion Sir Feirionnydd/Journal of the Merioneth Historical and Record Society*, Cyfrol/Vol. VII, Rhan/Part 4, 1976)

Siwan

Huw Pryce, *The Acts of the Welsh Rulers 1120–1283* (Gwasg Prifysgol Cymru/University of Wales Press, 2005)